Analyse über die Effizienz bestimmter Targeting-Methoden im Real Time Advertising am Beispiel des Preisvergleichsportals shopping24

Autorin: Syuzanna Gaplanyan

Geburtsort: Armenien

Studiengang: Master E-Commerce

Hamburg, den 01. Juli 2014

Inhaltsverzeichnis

Abbildungsverzeichnis

Tabellenverzeichnis

Abkürzungsverzeichnis

Ad	Advertisement
API	application programming interface
CPC	cost per click
CPL	cost per lead
CRM	Customer Relation Management
DMP	Data Management Platform
DSP	Demand Side Platform
eTKP	Effektiver Tausender-Kontakt-Preis
IAB	Interactive Advertising Bureau
IDC	International Data Corporation
KPI	Key Performance Indicator
o.J.	ohne Jahr
o.V.	ohne Verfasser
RTA	Real Time Advertising
RTB	Real Time Bidding
ROI	Return on Investment
SSP	Supply Side Platform
s24	shopping24
TKP	Tausender-Kontakt-Preis
USP	Unique Selling Proposition

1. Einleitung

„Durch Nutzung neuester Technologien [...] sind wir in der Lage, die Performance Ihrer Display Kampagnen auf ein neues Level zu heben."[1]

Problemstellung und Struktur der Seminararbeit

Das obigen Zitat bezieht sich auf das sogenannte Real Time Advertising (RTA). Die Funktionsweise dieser besonderen Form der Online-Werbung wird im zweiten Kapitel erklärt. Das Ziel der vorliegenden Seminararbeit beschränkt sich vordergründig auf den zweiten Hauptteil im Kapitel drei. Für ein Online-Preisvergleichsportal, shopping24, soll eine Handlungsempfehlung bezüglich einer effiziente Kampagnenplanung im RTA diskutiert werden. Innerhalb des RTA existiert eine weit verbreitete Targeting-Methode für Online-Shops, welche jedoch für shopping24 nicht die effizienteste Variante darstellt. Die Problematik ist, dass ein Preisvergleichsportal kein herkömmlicher Online-Shop ist, weshalb eine andere Methode aufgezeigt werden muss. Der Schlussteil gibt einen generellen und zukünftigen Ausblick für die Vorteile sowie Grenzen des RTA.

Entstehung und Vorteile des Real Time Advertising

In den USA hat sich das im Jahr 2007 entstandene Real Time Advertising (RTA)als eine Möglichkeit des automatisierten Handels im Display Advertising etabliert.[2] Im Jahr 2009 nahmen die ersten Unternehmen am RTA auch in Deutschland teil.[3,4] Das Display Advertising ist die Werbeeinblendung (Ad Impression) von Bannern im Internet, welche sich an Internetnutzer mit dem Ziel der bestmöglichen Vermarktung bestimmter Produkte oder Dienstleistungen richtet. Im Display Advertising existiert neben dem weit verbreiteten Abrechnungsmodell TKP auch das CPC-Modell[5] und das CPL-Modell[6]. Mit der Kennzahl TKP wird ein bestimmter Geldbetrag festgelegt, womit ein Werbetreibender mit seiner Werbemaßnahme 1.000 Kontakte (Ad

---

[1] Jens Jokschat, o.J.: Data Driven Display, Stand o.J., Abruf 2014-05-24.

[2] Vgl. Dietz, John: Programmatic Buying And The Evolution Of Ad Tech, Stand 2013-03-12, Abruf 2014-06-11.

[3] Vgl. o.V.: Adform RTB Trend Report Europe Q1 2014, Stand 2014, Abruf 2014-06-10.

[4] Vgl. o.V.: Die Story von RTB, Stand 2014-01-08, Abruf 2014-06-11.

[5] Wird auch als Pay-per-Click bezeichnet und stellt die "Kosten pro Klick" dar.

[6] Die Abrechnung erfolgt nach "Kosten pro Lead". Ein Lead kann unterschiedlich definiert werden. In der Regel steht der Cost Per Lead für die Kosten, die für das Generieren einer konkreten Anfrage beziehungsweise eines Kontaktes entstehen.

Impressions) erreicht. In diesem klassischen Media-Einkauf werden Umfelder mit einem fixen Abnahmevolumen eingekauft. Zwar wird die Werbung auf fachbezogenen Webseiten platziert mit der Annahme, dass sich auf diesen Webseitenpotenzielle Interessenten befinden. Jedoch wird durch die fehlende Transparenz eine breite und unbekannte Masse der User angesprochen. Damit ist sind Streuverluste der Werbewirkung vorausgesetzt. Das RTA versucht die Ineffizienz des Display Advertisings durch eine zielgruppenspezifische Ansprache zu bekämpfen. Eine Zielegruppe soll unabhängig von der Webseite überall dort angesprochen werden, wo sie sich momentan befindet. Im klassischen Display Advertising wird Umfeld-basierend eine bestimmte Menge an Ad Impressions zu einem fixen Preis gekauft. Über das RTA werden mit einem individuell effektiven TKP (eTKP) pro Ad Impression gezielt nur die User programmatisch eingekauft, die sich bezüglich ihres Suchverhaltens für die Werbeanzeige höchstwahrscheinlich interessieren.[7] In den Medien wird deshalb nicht mehr von „Content is King", sondern immer häufiger von „Audienceis King" gesprochen.[8] Mit diesem Paradigmenwechsel steht nur der einzelne Werbekontakt (User) im Mittelpunkt. Für ein sinnvolles Targeting sind Nutzerdaten nötig.[9] Das Datenmanagement und damit verbunden der gesamte Einkaufsprozess des Werbeinventars im RTA wird revolutioniert. Dies ist möglich mit dem technologischen Fortschritt des sogenannten Programmatic Advertising, welches sich auf das Programmatic Buying und Programmatic Selling bezieht.[10] Mittels der Anwendungsprogrammierschnittstelle (API) erfolgt der programmatische Handel von Werbeflächen. Eine API ermöglicht die Vernetzung von Content-Anbietern und die Integration gegenseitig fremder Daten in ein eigenes Programm. Aufgrund der Vereinfachung sowie Beschleunigung des Werbeeinkaufs mit standardisierten Tools und Algorithmen des RTA, ist die Echtzeitwerbung im RTB möglich.[11]

---

[7] Vgl. Weltner, Florian: Next Level Performance, 2013, S.3ff.[1]

[8] Vgl. Elowitz, Ben: Audience is King!, Stand 2013, Abruf 2014-05-21.

[9] Vgl. Weltner, Florian: Next Level Performance, 2013, S.3ff.[2]

[10] Vgl. Marshall, Jack: WTF is programmatic advertising, Stand 2014-02-20, Abruf 2014-05-22.

[11] Vgl. Behrendt, Björn: Application-Programming-Interface (API), Stand o.J., Abruf 2014-05-24.

2. Real Time Advertising

Real Time Advertising (RTA) und Real Time Bidding (RTB) werden aufgrund ihrer Aktualität oft verwechselt. RTA ist das Konzept für die Versteigerung von Online-Werbeflächen in Echtzeit. Die entsprechende technische Plattform, das RTB, ist der Prozess zur automatisierten Versteigerung von Werbeflächen.[12]

2.1. Funktionsweise

Vergleichbar mit der Frankfurter Wertpapierbörse oder dem Online-Auktionsverfahren von ebay.com wird im Folgenden an einem selbst gewählten Beispiel die Auktion einer Werbeeinblendung im RTB erklärt. Das fiktive Nutzerprofil Angela dient zur Veranschaulichung der weiteren Erläuterungen. Cosmopolitan (Frauenmagazin) ist ein stellvertretender **Publisher**. Dieses Frauenmagazinbietet seine freien Werbeflächen mit einer entsprechenden Werbekontaktchance auf seiner Webseite an. Ein Nachfrager, somit **Advertiser**, repräsentiert in diesem Beispiel ein auf Fashion orientierter beliebiger Shop x. Dieser Online-Shop möchte für seine **Ad/ Werbebanner** (Damenschuhe) eine günstige freie Werbefläche kaufen.[13] Da die Ad der Damenschuhe und der Content des Frauenmagazins sich thematisch ähneln, kommunizieren diese innerhalb des RTB-Ablaufs.

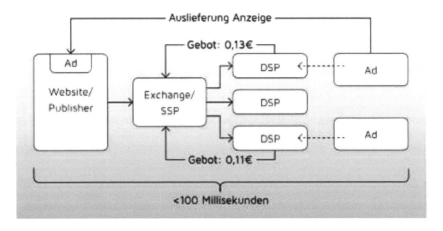

Abbildung 1: Der Real Time Bidding-Prozess[14]

---

[12] Vgl. Hirsch, Philippu.a.: Real Time Advertising, Stand 2014-05-30, Abruf 2014-05-31.

[13] Vgl. o.V.: Definition Real Time Bidding (RTB), Stand o.J., Abruf 2014-05-24.

[14] Entnommen aus Schroeter, Andreas u.a.: Die Zukunft des Display Advertising, 2013, S. 14.

Schritt 1: Angela, 31 Jahre, interessiert an Damenschuhen, besucht am 25.05.2014 um 08:30Uhr die Webseite von Cosmopolitan. Sofort, das heißt innerhalb von wenigen Millisekunden schickt die an Cosmopolitan angebundene **SSP** eine Gebotsanfrage (bidrequest/ request for bid) an die von Shop x angebundene **DSP** für die Werbekontaktchance der Angela.[15]

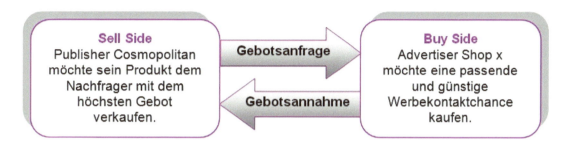

Abbildung 2: Auktion zwischen Anbieter und Nachfrager[16]

Die Gebotsanfrage enthält Informationen wie der Bereich der Werbefläche, die Beschreibung der inhaltlichen Kategorie auf der Webseite sowie eine eindeutige User-ID von Angela. Mit der User-ID kann Cosmopolitan prüfen, ob ihm gegebenenfalls Profildaten von Angela vorliegen. Wenn ihre Nutzerdaten dem Shop x bekannt sind, wird Angela eindeutig in eine Zielgruppe kategorisiert und ihr kann eine personalisierte Ad eingeblendet werden. Sind Shop x keine Daten von Angela bekannt, wird dennoch durch die DSP geprüft, ob die Attribute von Angelamit den Zielgruppen-Parametern einer oder mehrerer Kampagnen von Shop x übereinstimmen.[17]

Schritt 2: In beiden Fällen, ob Shop x die User-ID von Angela kennt oder auch nicht, ist die DSP für den Abgleich und die Prüfung dieser ID verantwortlich. Shop x hat unterschiedliche Kampagnen mit jeweiligen Zielsetzungen. Daher prüft die DSP intern, welcher Werbebanner von Shop x welcher bestimmten Kampagne von Shop x die höchste Erfolgswahrscheinlichkeit versprechen würde, wenn diese Ad der Angela eingeblendet wird. Nach der Entscheidung und der Wahl gibt die DSP ein Gebot an die SSP zurück.[18]

---

[15] Vgl. Schroeter, Andreas u.a.: Die Zukunft des Display Advertising, 2013, S. 14.[2]
[16] Eigene Darstellung.
[17] Vgl. Schroeter, Andreas u.a., Die Zukunft des Display Advertising, 2013, S. 14.[3]
[18] Vgl. Schroeter, Andreas u.a., Die Zukunft des Display Advertising, 2013, S. 14.[4]

Schritt 3: Das Ziel von Cosmopolitan ist die Ertragssteigerung durch den Verkauf seiner Werbefläche zu einem hohen eTKP[19].[20] In der Realität schickt Cosmopolitan diese Gebotsanfrage an andere konkurrierende Nachfrager aus dem Fashion-Bereich, wie zum Beispiel dress-for-less.de oder amazon.com. Die SSP nimmt dann alle Gebote der Nachfrager entgegen und verkauft die freie Werbefläche mit der entsprechenden Werbekontaktchance dem Nachfrager, der am meisten geboten hat.

Schritt 4: Im Falle, Shop x ist der Höchstbietende, wird seine Ad in die Webseite von Cosmopolitan integriert. In Abbildung 3 ist die verkaufte Werbefläche grün markiert.

Abbildung 3: Integrierter Werbebanner in einer Werbefläche[21]

Der obige RTB-Prozess von Schritt Nummer eins bis vier läuft in Echtzeit ab. Er dauert weniger als 100 Millisekunden, damit Angela nicht durch lange Ladezeiten verärgert wird. Demnach sieht Angela die Ad von Shop x am 25.05.2014 um 8:30 Uhr.[22]

2.2. Akteure und ihre Aufgaben

Im RTB gibt es verschiedene Agenturen, die sowohl mit Publishern als auch mit Advertisern zusammen arbeiten. Im Folgenden werden mit dem wiederholten Hinweis auf Abbildung 4 lediglich die drei wichtigsten Akteure vorgestellt.

---

[19] Rechengröße ermöglicht, bezahlte Werbekampagnen unterschiedlicher Vergütungsarten miteinander zu vergleichen. Die Gesamteinnahmen der Werbekampagne werden durch die Gesamtanzahl der Ad-Impressions geteilt und mit 1000 multipliziert, woraus sich der eTKP ergibt.

[20] Vgl. Gladl, Roswitha: eTKP, Stand o.J., Abruf 2014-05-24.

[21] In Anlehnung an o.V.: Cosmopolitan, Stand o,J., Abruf 2014-05-25.

[22] Vgl. Schroeter, Andreas u.a.: Die Zukunft des Display Advertising, 2013, S. 14.[5]

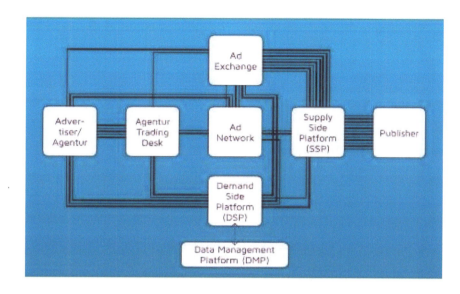

Abbildung 4: Die Akteure im RTB[23]

2.2.1. Das Ökosystem Supply Side Platform

Mit dem Publisher, dem **Ad Exchange** und dem gegebenenfalls **Ad Network** bildet die **SSP** (Supply Side Platform) das Ökosystem der Sell Side oder Supply Side genannt. Eine **SSP** fungiert als Servicedienstleister für den Publisher und bietet ihm zwei wesentliche Vorteile für den optimalen Verkauf seines Werbeinventars an. Die erste Aufgabe der SSP besteht darin, den aufwendigen und manuellen Prozess des Anzeigenverkaufs, wie zum Beispiel das Einholen von Angeboten sowie das Bestätigen von Aufträgen etc., zu automatisieren. Diese Automatisierung des Buchungssystems wird durch das Programmatic Selling, vgl. Kapitel 1, realisiert. Folglich muss der Publisher weniger Aufwand für den Verkauf seines Werbeinventars betreiben. Er spart durch die Rationalisierung der Mitarbeiter Personalkosten sowie Materialkosten. An die Buy Side von Shop x wird die SSP durch die Demand Side Platform (DSP) oder Agentur Trading Desk angeschlossen, um das Anzeigeninventar vom Publisher zum Verkauf anzubieten. Die Versteigerung der freien Werbefläche erfolgt nach dem Prinzip der Vickrey-Auktion (auch Zweitpreisauktion genannt), wobei der Höchstbietende den Preis des Zweithöchstbietenden zahlen muss. Die SSP verkauft somit jede einzelne freie Werbefläche jeweils dem Höchstbietenden und erzielt ein größtmögliches eTKP pro Ad Impression für den Publisher. Damit optimiert die SSP den Ertrag vom Publisher bei gegebenem Inventar und verantwortet somit dessen Yield Management. Die

---

[23] Entnommen aus Schroeter, Andreas u.a.: Die Zukunft des Display Advertising, 2012, S.17.

preisliche Bewertung einer Ad Impression berücksichtigt das Bannerformat, die Platzierung und Sichtbarkeit, das Umfeld, Cookie-Informationen des Users, die Klickrate sowie die Conversion Rate und die Tageszeit.[24]

Das **Ad Exchange** dient im Auktionsprozess als virtuelle Handelsplattform, auf dem das Inventar über verschiedene Publisher verkauft wird.[25] Publisher können Advertisern kostengünstige Werbeflächen anbieten, indem sie mit anderen thematisch ähnlichen Publishern ein Netzwerk, RON[26], bilden.[27] Diese Bündelung erfolgt im **Ad Network**.[28] Bezogen auf das obige Beispiel, bietet Shop x im Falle der preiswerten Variante nicht nur auf die Werbefläche von Cosmopolitan. Automatisch bietet Shop x auch auf das Werbeinventar der im Ad Network gebündelten Publiser, wie zum Beispiel das Frauenmagazin Jolie, ELLE und Brigitte. Der Nachteil ist, dass eine unspezifische mit Streuverlusten verbundene Werbebuchung für den Advertiser Shop x veranlasst wird. Es wird nicht der konkrete Channel[29] eines Publishers ausgewählt, sondern das Gebot richtet sich auf das Werbeinventar eines zufälligen Publishers aus dem Ad Network.

2.2.2. Das Ökosystem Demand Side Platform

Die Demand Side Platform **(DSP)** ist der Dienstleister für den Advertiser auf der Buy Side. Wenn der Advertiser in Eigenregie seine Kampagnen steuern und kontrollieren will, wird für die komplexe und aufwendige Bedienung Fachpersonal vorausgesetzt. Mit dem Managed Service DSP kann der Advertiser, fallweise auch in Zusammenarbeit mit seiner Agentur, die Kampagnensteuerung an die DSP übergeben. Diese Variante ist zwar kostenintensiver, aber bei einem Großteil der Advertiser weit verbreitet. Im Managed Service DSP ist ein Trend zu beobachten, dass Advertiser auf Wunsch gewisse Eingriffs- und Steuerungsmöglichkeiten, wie zum Beispiel in die Werbemittelverwaltung oder Preisgestaltung, bekommen.[30]

---

[24] Vgl. Heimann, Torben: Real Time Advertising Kompass 2013/2014, S.16.

[25] Vgl. Marshall, Jack 2014: Ad Exchange, Stand2014-01-30, Abruf 2014-05-27.

[26] **R**un **O**n **N**etwork fasst thematisch ähnliche Publisher unter einem Dach.

[27] Vgl. Theis, Sabine: ROS, Stand o.J., Abruf 2014-05-27.

[28] Vgl. Ferner, Matt: 25 Advertising Networks, Stand 2011-04-20, Abruf 2014-05-27.

[29] Ein Channel im Online-Marketing ist ein bestimmter Vertriebsweg oder Kommunikationskanal.

[30] Vgl. Stieber, Bernd: Real Time Advertising Kompass 2013/2014, Abruf 2014-05-28, S.12ff.[2]

Aufgaben der Demand Side Platform

1. Sowohl in Eigenregie als auch bei dem Bezug von Managed Services, übernimmt die DSP die technische Koppelung an die Angebotskanäle SSP, Ad Network und Ad Exchange. Im deutschen Markt ist RTA noch ein vergleichsweise junges Thema mit entsprechend viel Potential. Advertiser müssen daher genau prüfen, ob eine DSP über die notwendigen Funktionalitäten in Bezug auf technische Infrastruktur, Inventarspektrum, Datenmanagement und einem effizienten Algorithmus[31] für maschinelles Lernen verfügt.[32] In Anlehnung an Forrester Research analysieren die führenden DSP-Anbieter[33] pro Sekunde 1 Mio. Werbekontaktchancen mit jeweils 100.000 betrachteten Informationen. Ihre Antwortgeschwindigkeit an die SSP beträgt dabei weniger als 60 Millisekunden.[34]

2. Im zweiten Schritt prognostiziert die DSP den Erfolg: Welches Werbemittel der Kampagnen des Advertisers eignet sich am besten für die Platzierung auf der angebotenen Werbefläche?

3. Für eine konkrete Bewertung über die Effizienz zur Auslieferung eines Werbemittels sind Nutzerdaten aus folgenden Quellen von elementarer Bedeutung:

a) Thin-Data sind von der SSP an die DSP übergebene Daten, wie zum Beispiel URL, Kategorie eines Produktes, Datum, Uhrzeit, Browser/ Betriebssystem/ Geo-Location (geografischer Standort) des Users.

b) First-Party Data, wie zum Beispiel die Kaufhistorie des Users oder der Warenkorbwert, werden häufig auf der eigenen Webseite des Advertisers intern erhoben. First-Party Data eignen sich vor allem für das Targeting-Methode Retargeting, die im Kapitel 2.3.1. erklärt wird.[35]

c) Third-Party Data sind häufig soziodemographische Daten wie das Alter, Geschlecht oder Kaufinteresse der jeweiligen User. Sie werden vom Advertiser zugekauft und stammen von Drittanbieteren, die ihre auf der eigenen Webseite

---

[31] Berechnungsverfahren mit einer allgemein nachvollziehbaren und eindeutigen Logik, um Probleme verschiedener Art effizient zu lösen. Sie bilden in der Informatik die Grundlage für das Schreiben von Programmen, z.B. die Gebotspreisbildung im RTA.

[32] Vgl. Reinert, Daniel: telefonisches Interview über DSPs, Anruf 2014-04-07.

[33] Führende DSP Anbieter sind: MediaMath, Turn und DataXu.

[34] Vgl. Stieber, Bernd: Real Time Advertising Kompass2013/2014, Abruf 2014-05-28, S.13.[3]

[35] Vgl. Heimann, Uli: Real Time Advertising Kompass 2013/2014, Abruf 2014-05-28, S.20.[1]

gesammelten Daten auf der Data Management Platform (DMP) zur Verfügung stellen.[36]

2.2.3. Data Management Platform und Big Data

Wie die obige Abbildung 4 im Kapitel zwei veranschaulicht, ist die **Data Management Platform (DMP)** entweder als externe Plattform an die DSP angebunden oder sie ist bereits in der DSP integriert. Diese oben genannten Nutzerdaten mit ihren jeweiligen Cookies[37] werden in die DMP integriert, gesammelt, aggregiert und schließlich segmentiert. Die DMP stellt diese Daten der DSP zur Verfügung. Damit kann die DSP seine Algorithmen für die Bieterstrategie optimieren und die Gebotspreisbildung zur Erreichung der Kampagnenziele des Advertisers präzisieren. Die Bewertung des Gebotspreises muss tiefgründig durch die Kombination unterschiedlichster Einzeldaten erfolgen. Es ist wichtig zu wissen, welcher User zu welcher Zeit, auf welcher Werbefläche mit welchem Werbemittel zu welchem Preis kontaktiert werden soll. Dafür ist die Verfügbarkeit enorm großer Datenmengen notwendig.[38]

Big Data ist mittlerweile nicht nur ein Buzz-Word für unermesslich große Datenmengen. Sogar in den Financial Times wird Big Data als eines der aktuell beachtlichsten Innovationen erklärt, weil Daten in der gegenwärtigen Wirtschaft eine dominierende Stellung einnehmen.[39] In den USA hat sich Big Data bereits etabliert.[40] Auch die deutsche Zeitschrift, Die Welt, berichtet, dass sich der Datenbestand weltweit alle zwei Jahre verdoppelt.[41]
Bisher wurde Big Data mit den 4 V`s charakterisiert. Mittlerweile wird aufgrund eines zusätzlichen Merkmals von den 5 V`s des Big Datas gesprochen (siehe Abbildung 5).

---

[36] Vgl. Heimann, Uli: Real Time Advertising Kompass 2013/2014, Abruf 2014-05-28, S.20.[2]
[37] Cookies dienen der Markierung von Usern im Internet.
[38] Vgl. o.V.: The User Intelligence Platform, Stand o.J., Abruf 2014-05-28.[1]
[39] Vgl. Finch, John: Big data and credit agency, Stand 2013-11-08, Abruf 2014-05-28.
[40] Vgl. Bienert, Jörg: big data, Stand o.J., Abruf 2014-05-28.
[41] Vgl. Jüngling, Thomas: Datenvolumen, Stand 2013-07-15, Abruf 2014-05-28.[1]

Abbildung 5: Die 5 V`s von Big Data[42]

Marktbeobachter von IDC[43] und des Speichersystem-Herstellers EMC berichten im Jahr 2013: "Die Menge an Daten [...] wird 2020 bei etwa 40 Zettabytes liegen – und damit 50-mal so hoch wie noch vor drei Jahren"(Volume/ Datenvolumen).[44] Für die schnelle Datenverarbeitung in Echtzeit sind entsprechende Rechenkapazitäten und Softwarelösungen notwendig (Velocity/ Geschwindigkeit). Die unterschiedlichen Farben in Abbildung 5 stehen für die Datenheterogenität. Strukturierte oder unstrukturierte Daten im Textformat oder als Multimedia erschweren die Vereinheitlichung von Daten (Variety/ Datenvielfalt). Um lediglich zuverlässige Daten zu verarbeiten, bedarf es einer stringenten Prüfung und Eliminierung zweifelhafter Daten von aussagekräftigen Daten (Verification/ Wahrhaftigkeit). Nicht nur die Quantität der Daten ist der Erfolgsfaktor, sondern auch deren intelligente Nutzung mit mathematischen und statistischen Verfahren sowie Optimierungsalgorithmen durch ein adäquates Fachpersonal. Damit stellt das letzte Charakteristikum von Big Data, nämlich die Ableitung und Interpretation aussagekräftiger Targeting-Methoden aus dem riesigen Datenvolumen, dessen derzeitige Herausforderung dar (Value/ Wert).[45] Big Data ist kein neues Phänomen. Neu ist lediglich die Möglichkeit über größere Speicher- und Rechenkapazitäten Muster in Daten zu erkennen, die bislang verborgen waren. Dadurch können valide und zuverlässige Ableitungen oder Schlüsse gezogen werden.[46]

---

[42] In Anlehnung an Schroeck, Michael u.a. Analytics. Big Data, Stand 2012, Abruf 2014-05-28.

[43] IDC ist ein international tätiges Marktforschungs- und Beratungsunternehmen auf dem Gebiet der IT.

[44] Vgl. Jüngling, Thomas: Datenvolumen, Stand 2013-07-15, Abruf 2014-05-28.[2]

[45] Vgl. Beulke, Dave: The 5 Vs of Big Data, Stand 2011-11-01, Abruf 2014-05-28.

[46] Vgl. Dahnke, Niels: Präsentation an der FH Wedel über Big Data, 2014-04-30.

2.3. Targeting-Methoden zur Effizienzsteigerung im RTA

Je nach Unternehmensstruktur oder bestimmten Nebenbedingungen helfen unterschiedliche Targeting-Methoden eine Traffic-Generierung, welche sich auf die Neukundengewinnung und/oder auf die wiederholte Ansprache bereits bekannter User bezieht. Laut dem RTB-Experten und CEO von Spree7, Viktor Zawadzki, ist das Erheben von Marktdaten weiterhin komplex. Der Full Funnel Ansatz gewinnt deswegen an Bedeutung, da sich technische Messmöglichkeiten über mehrere Marketing-Kanäle hinweg in den letzten Jahren beachtlich entwickelt haben. Bezüglich der Messmethode innerhalb einer Kampagne besteht ein Unterschied zwischen der direkten Nutzung des Audience Targeting und der indirekten Methode mit Hilfe von Marktforschung. Während bei Audience Targeting die Beziehung zwischen Messung und Ergebnis 1:1 ist, werden bei Marktforschungen Daten aus einer Stichprobe extrapoliert, was immer nur ein probabilistisches Modell sein kann.[47] Dieser Full-Funnel Ansatz bezieht sich auf das in Abbildung 6 dargestellte Customer Funnel[48]. Aus der BWL ist ebenfalls das AIDA-Prinzip[49] bekannt, das sich auf die (Neu-) Kundengewinnung richtet.[50] Die Kundengewinnung im ersten Schritt sowie deren langfristige Bindung in der letzten Etappe erfolgt im RTA entlang des Customer Funnels und beginnt mit dem übergeordneten Audience Targeting.

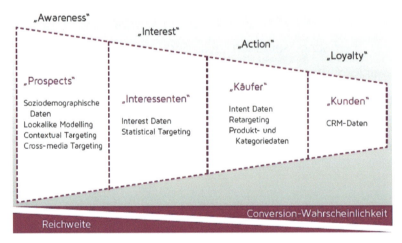

Abbildung 6: Customer Funnel[51]

---

[47] Vgl. Zawadzki, Viktor: Kommunikation via xing über RTB, 2014-03-06.

[48] Auch Lead Generation Funnel genannt.

[49] **A**ttention (Aufmerksamkeit), **I**nterest (Interesse), **D**esire (Verlangen), **A**ction (Aktion)

[50] Vgl. Grossmann, Peter: Webseiten-Optimierung, S. 68.

[51] Vgl. Schroeter, Andreas u.a.: Real Time Advertising, S. 27, Stand 2013, Abruf 2014-06-01.[1]

Potenzielle Kunden, über die keine unternehmensinterne First-Party-Data vorliegen, werden als Prospects bezeichnet. Aufgrund der Existenz einer breiten Masse dieser, können sie mit einer großen Reichweite angesprochen werden. Jedoch liegen über Prospects keine oder nur sehr wenige Informationen vor, weshalb auch keine personalisierte Werbeeinblendung realisierbar ist. Folglich ist die Conversion-Wahrscheinlichkeit für eine Transaktion (z.B.: Kauf eines Produktes) bei Prospects relativ gering.

Audience Targeting (auch: New Audience Targeting genannt)

Im Audience Targeting legt der Advertiser die anzusprechenden Zielgruppen selbst fest. Der Vorteil ist, dass alle anvisierten Zielgruppen und somit auch potenzielle Neukunden, nämlich Prospects, als Werbekontaktchance eingekauft werden können. Abbildung 7 zeigt, dass eine beliebige Zielgruppe x mit konkreten, oft soziodemographischen Attributen (z.B.: Alter, Geschlecht, Herkunft, Kaufinteresse etc.), charakterisiert werden kann. Diese Zielgruppe x wird mit den neu gewonnenen Daten des Prospects verglichen. Datenquellen für Prospects sind einmal der Publisher, der Advertiser sowie zugekaufte Daten von Drittanbietern. Bei Übereinstimmung wird von der DSP des Advertisers ein bereits festgelegter Preis in Abhängigkeit von weiteren Einflussfaktoren (z.B.: Qualität des Umfeldes oder Mindestpreis des Publishers), geboten.

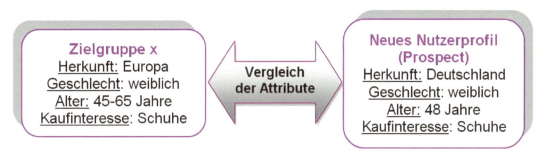

Abbildung 7: Ermittlung eines Prospects[52]

Nachteilig im Audience Targeting ist die geringe Conversion-Wahrscheinlichkeit. Zur Steigerung des Conversions muss eine große Anzahl von Usern angesprochen werden, wobei deren Daten aus verschiedenen Quellen stammen. Jedoch sind vor allem Third-Party-Data von Drittanbietern noch relativ teuer.[53] Ein weiterer Nachteil

---

[52] Eigene Darstellung.
[53] Vgl. Schroeter, Andreas u.a.: Real Time Advertising, S. 31, Stand 2013, Abruf 2014-06-01.[2]

ist, dass eine eindeutige Zuordnung eines Prospects in eine Zielgruppe x nicht zwangsläufig möglich ist. Das Kaufinteresse, die Herkunft, das Geschlecht oder auch das Alter beider Parteien kann gleich sein. Trotzdem ist nicht unbedingt davon auszugehen, dass ein bestimmtes Produkt bei der Zielgruppe x die gleiche Werbewirkung hat wie für den Prospect. User innerhalb einer Zielgruppe können aufgrund ihrer Charaktereigenschaften und ihrer aktuellen Lebenssituation ganz unterschiedliche Notwendigkeiten und Vorlieben für Produkte haben.[54]

Innerhalb des Customer Funnels in Abbildung 6 ist die letzte zu erreichende Stufe das CRM[55], wobei mit bereits bekannten Kundendaten eine Kundenbindung hergestellt und aufrechterhalten werden soll. In der Spanne zwischen Audience Targeting mit Prospects und CRM werden unterschiedliche Targeting-Methoden eingesetzt, damit die potenziellen Kunden zu Kunden konvertieren und die Conversion-Rate[56] eines werbetreibenden Unternehmens steigt.[57]

In der Einleitung wurde bereits die Problematik erklärt. Eine bei Online-Shops verbreitete Targeting-Methode stellt das sogenannte Retargeting dar. Jedoch ist das Retargeting speziell für ein Preisvergleichsportal keine optimale Alternative. Die Begründung dieser Annahme erfolgt im weiteren Verlauf der Analysen. Es soll geprüft werden inwieweit sich anhand statistischer Ansätze eine entsprechende Targeting-Methode eignet, die als Look-alike Targeting bezeichnet wird.

Aus diesem Grund werden im Folgenden nur diese beiden relevanten Targeting-Methoden vorgestellt.

2.3.1. Retargeting

Im Retargeting werden nur die User mit Hilfe ihrer Cookie-IDs mehrmals angesprochen, welche die Webseite des Advertisers bereits besucht haben, jedoch keine Transaktion, z.B. der Erwerb eines Produktes oder eine Registrierung, ausgeführt haben. Der Vorteil durch das Retargeting ist die Möglichkeit der Wiederaufnahme des Customer Journeys, wenn der User noch nach Tagen oder Wochen zum Kaufabschluss kommt.[58] Diese Methode stellt jedoch einen

---

[54] Vgl. Schroeter, Andreas u.a.: Real Time Advertising, S. 28, Stand 2013, Abruf 2014-06-01.[3]

[55] CRM ist die systematische Gestaltung eines langandauernden Kundenbeziehungsmanagements.

[56] Prozentualer Anteil der Nutzergemessen an der gesamten Nutzerzahl, die aufgrund einer Ad eine Transaktion ausführen, wie z.B. der Kauf eines Produkt oder eine Newsletter-Anmeldung

[57] Vgl. Schroeter, Andreas u.a.: Real Time Advertising, S. 27, Stand 2013, Abruf 2014-06-01.[4]

[58] Vgl. Gehl Christian: Warum Retargeting nicht nerven darf, Stand 20121-04-16, Abruf 2014-06-01.

entscheidenden Nachteil dar, sofern sich ein Advertiser die Neukundengewinnung zum Ziel gesetzt hat. Aufgrund dessen, dass im Retargeting immer nur die gleichen User angesprochen werden, können durch diese zahlenmäßig begrenzte Zielgruppe keine neuen Kunden gewonnen werden. Demnach ist für den Advertiser eine weitere Gewinnausschöpfung unerreichbar, die keine zusätzlich positive Wirkung auf den ROI hat. Beispielseise hat das fiktive Nutzerprofil Angela auf der Webseite von dem Advertiser auf rote Abendschuhe geklickt und bekommt auf anderen Webseiten Werbeeinblendungen von diesem Produkt. Angela wird dabei mit einem Cookie markiert, damit sie im besten Falle durch die folgenden Ansprachen die Abendschuhe kauft. Der Vorteil ist, dass sie bereits eine Interessentin von diesen Schuhen ist.[59] Das Verfolgen eines Users kann jedoch als einen Nachteil darstellen. Angela kann sich sehr schnell durch die ständigen Werbeeinblendungen belästigt fühlen. Schließlich hat sie sich bewusst aus eigenem Willen gegen die Transaktion entschieden und hätte immer die Möglichkeit diese Schuhe zu kaufen.[60] Analog zum Retargeting kann mit dem Remarketing die mögliche Belästigung der User durch die kontrollierte Anzahl der Werbebanner pro User vermieden werden.[61] Dies lässt sich mit dem Frequency Capping erklären. In einer festgelegten Zeitperiode bei einem Frequency Cap von drei werden Angela die Schuhe auch nur drei Mal eingeblendet.[62] Darüber hinaus ist im Retargeting die Wertigkeit jedes einzelnen Website-Besuchers unterschiedlich, da sie von der jeweiligen Interaktion eines jeden Users abhängt. Beispielsweise ist ein User, der nur ein Produkt angeschaut hat, nicht so viel wert wie ein anderer User, der dieses Produkt bereits in seinem Warenkorb abgelegt hat. Tendenziell ist die Wertigkeit des Users desto höher, je aktueller der Besuch ist. Effizientes Retargeting bedeutet die Bewertung der Werthaltigkeit eines Users.[63]

2.3.2. Look-alike Targeting

Das Look-alike Targeting ist die nächste Stufe nach dem Audience Targeting innerhalb Customer Funnels. Es können die durch das Audience-Targeting

---

[59] Vgl. Alpar, Andre u.a.: Das große Online Marketing Praxisbuch, S. 601f.

[60] Vgl. Bialek, Catrin/ Karabasz, Ina: Kunden verfolgen, Stand 2011-09-14, Abruf 2014-06-01.

[61] Vgl. Rossbach, Stefanie: Remarketing erfolgreich einsetzen, Stand 2011-03-31, Abruf 2014-06-01.

[62] Vgl. Frerichs, Alexander: Effizientes Frequency Capping, Stand 2012-02-15, Abruf 2014-06-01.

[63] Vgl. Warschawskij, Oleg: Kommunikation via xing über Targeting-Verfahren, 2014-04-10.

gewonnenen Kunden mit dem Look-alike Targeting angesprochen werden.[64] Der Ansatz der sogenannten statistischen Zwillinge bedeutet den Versuch User zu identifizieren, die sich im Web ähnlich verhalten, wie beispielsweise die eigenen Webseiten-Besucher bzw. Kunden. Wenn die DMP des Advertisers feststellt, dass seine Besucher überdurchschnittlich viel auf Sport- und Kochseiten surfen, dann könnte es sinnvoll sein, User anzusprechen, die diese gleichen Interessen aufweisen.[65] Im Gegensatz zum Audience Targeting wird hier die Zielgruppe nicht im Vorfeld, sondern auf Basis ihres Nutzungsverhaltens festgelegt. Dabei können heterogene Daten und Parameter für die Zwillingsbildung benutzt werden.[66] Nutzerdaten und Nutzerverhaltensweisen sowie Interessen können aus unterschiedlichen Quellen gesammelt werden, beispielsweise: durch die Identifikation der von Usern eingegebenen Keywords oder das Erfassen von Inhalten, welche die User im Web gelesen haben.[67] Die Wahl der Parameter, die für Vergleiche herangezogen werden, spielt eine entscheidende Rolle. Welche Datenformate sollen für den Vergleich erhobenwerden? Werden nur soziodemographische Daten, wie z.B.: Alter, Herkunft oder Geschlecht, erhoben? Oder spielen auch Hobbys der User eine Rolle? Können überhaupt spezifische Informationen von allen Usern erhoben werden? Wird auch das Einkommensverhältnis der User gemessen?[68]

Wie im Audience Targeting, ist auch hier das zentrale Ziel die Gewinnung neuer Prospects. Jedoch erfolgt hier die Neukundengewinnung durch die Ermittlung der statistischen Zwillinge.[69] Nahezu jede onlineaffine Person kennt die Kaufempfehlungen von amazon.com. Ein Besucher auf amazon.com zeigt z.B. für das Buch x Interesse. Daraufhin werden ihm weitere Produkte empfohlen, die von anderen Besuchern gekauft wurden, die auch dieses Buch x gekauft haben.[70] Die Methode des Look-alike Targeting ähnelt dem Prinzip von amazon.com, wobei die Kaufgewohnheiten bereits bekannter User mit denen der neuen User verglichen werden. Bei Ähnlichkeit der Nutzerprofile wird dem potenziellen Käufer das Produkt

---

[64] Vgl. Weck, Andreas: Facebook-Ads: Lookalike Audiences, Stand 2013-03-21, Abruf 2014-06-17.

[65] Vgl. Warschawskij, Oleg: Kommunikation via xing über Targeting-Verfahren, 2014-04-10.

[66] Vgl. Parschke, Philip: Predective Behavioral Targeting, Stand o.J., Abruf-2014-06-09.

[67] Vgl. o.V.: The User Intelligence Platform, Stand o.J., Abruf 2014-05-28.[2]

[68] Vgl. Winkler, Hans-Martin: Kommunikation via xing über das Look-alike Targeting, 2014-06-05.

[69] Vgl. Schroeter, Andreas u.a.: Real Time Advertising, S. 31f., Stand 2013, Abruf 2014-06-01.[5]

[70] Vgl. o.v.: amazon.de, Stand 2013-10-08, Abruf 2014-06-02.

empfohlen, welches auch mit der größten Wahrscheinlichkeit im Vergleich zu anderen Produkten den neuen User zu einer Transaktion inspirieren würde.

Funktionsweise des Look-alike Targetings

1. Sobald ein noch unbekannter User mit dem fiktiven Profil Maria die Webseite eines Publishers besucht, werden alle zu Maria verfügbaren Daten in der DMP aggregiert. Vor allem Thin-Data und First-Party-Data kommen verstärkt zum Einsatz. Third-Party-Data können, müssen aber nicht zugekauft werden. Sie bieten jedoch weiterführende Informationen über die User an, die ein Advertiser ausschließlich mit der eigenen Datensammlung nicht erreichen kann.[71]

2. Das neue Nutzerprofil, beispielsweise von Maria, wird mit allen bereits bekannten Nutzerprofilen aus der DMP verglichen. Angenommen Marias Profil ähnelt dem fiktiven Kundenprofil von der bereits bekannten Nutzerin Angela am meisten, so wird Maria als der statistische Zwilling von Angela gekennzeichnet. Dieses Beispiel veranschaulicht Abbildung 8 sehr gut.

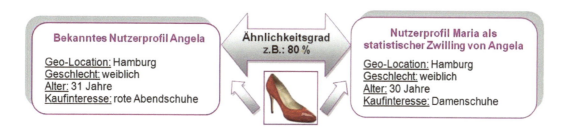

Abbildung 8: Ermittlung eines statistischen Zwillings[72]

Maria wird deshalbder Werbebanner der roten Abendschuhe eingeblendet, da diese Werbeanzeige auch bei Angela die größte Wahrscheinlichkeit für eine Transaktion verspricht.[73] Dabei ist zu beachten, dass ein zunehmender Ähnlichkeitsgrad der Nutzerprofile als Qualitätsfaktor gilt. Auf diese Weise werden durch Sammlung unterschiedlicher User-Daten weitere Zwillinge ermittelt. Stufenweise erfolgt die Bildung von Zielgruppenprofilen, deren Einordnung in Zielgruppensegmente und die Ansprache dieser neuen Zielgruppe als Target Audience.

Der Vorteil im Look-alike Targeting ist, dass der Advertiser sich nicht nur auf seine

---

[71] Vgl. Groth, Arndt: Für effizientes RTA, Stand 2014-03-18, Abruf 2014-06-17.

[72] Eigene Darstellung.

[73] Vgl. Skou, Kasper:Semasio The User Intelligence Platform, Stand o.J., Abruf 2014-06-01.[1]

bereits bekannte Zielgruppe konzentriert und einen erweiterten Blick über seine zuvor unbekannten User bekommt. Zudem besteht die Möglichkeit mit kostenlosen Thin-Data und First-Party-Data neue Kunden zu gewinnen und auf kostenintensive Third-Party-Data zu verzichten.[74] Dieser Prozess verbunden mit Zeit, Geld und Geduld ist mit dem sogenannten Lernbudget als eine Investition zu betrachten. Nachteilig ist dabei die schrittweise und demnach langandauernde Datensammlung bis zur Ermittlung eines runden Profils des statistischen Zwillings.[75] Vergleichbar wie im Audience Targeting stellt auch im Look-alike Targeting die nicht eindeutige Zuordnung eines neuen Users zu seinem Zwilling einen Nachteil dar. Diese Problematik wird anhand des selbst gewählten Beispiels in Abbildung 9 erklärt.

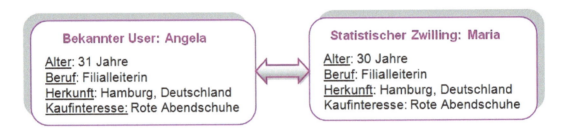

Abbildung 9: Scheinbar statistische Zwillinge[76]

Auf dem ersten Blick ähnelt der Zwilling Maria dem bekannten Nutzerprofil von Angela beinahe überdurchschnittlich. Nichtsdestotrotz besteht die Gefahr, dass sich die Interessen der beiden User dennoch sehr stark unterschieden. Angenommen Angela ist die Filialleitung eines hochpreisigen und modeorientierten Fashion-Shops, wie z.B.: Escada, und Maria führt eine Filiale der Drogeriemarkt-Kette Budnikowsky. Die weitere Annahme ist, dass die Einblendung fashion-orientierter und hochpreisiger Werbebanner bei der modebewussten Angela eine große Werbewirkung gezeigt haben. Da Maria der statistische Zwilling von Angela ist, werden die gleichen Werbebanner auch Maria eingeblendet. Dies hat jedoch keine positive Wirkung auf Maria, da sie sich nicht für Mode interessiert und gerne alltagstaugliche und zweckmäßige Bekleidung trägt. Aus diesem Grund ist die hohe Qualität und Quantität der Daten von elementarer Bedeutung, um Zwillinge mit einem profunden Ähnlichkeitsgrad zu bilden.

---

[74] Vgl. Promny, Thomas: Kommunikation via Facebook über das Look-alike Targeting, 2014-05-31.
[75] Vgl. Schroeter, Andreas u.a.: Real Time Advertising, S. 31f., Stand 2013, Abruf 2014-06-01.[6]
[76] Eigene Darstellung.

Zusammenfassung und die Rolle von Big Data

Nicht nur im Look-alike Targeting, sondern auch in anderen Targeting-Methodenerweist sich Big Data als eine Notwendigkeit für eine zielgruppenspezifische Werbeeinblendung. Mit dem folgenden Kategorie-Baum der Damenschuhe wird die zentrale Rolle von Big Data im RTB belegt.

Abbildung 10: Beispiel eines Kategorie-Baums für Damenschuhe[77]

a) Vorausgesetzt es liegen nur wenige Informationen über eine beliebige Nutzerin vor. Unter anderem ist aus der Datengrundlage abzulesen, dass es sich um eine junge weibliche Person handelt, die Interesse an Abendschuhen für Damen hat. Demnach werden ihr eine Ansammlung von wenig personalisierten Abendschuhen, wie in Grafik 11, eingeblendet.

Abbildung 11: Unspezifische Werbeeinblendungen mit Streuverlusten[78]

Diese Abendschuhe unterscheiden sich in der Farbe, Marke, Form, Absatzhöhe, Absatzart und dem Preis. Wird nur ein Banner dieser Nutzerin präsentiert, besteht

---

[77] Eigene Darstellung.
[78] Entnommen aus o.V.: Damen Abendschuhe, Stand 2014-06-02, Abruf 2014-06-02.

eine große Wahrscheinlichkeit, dass ihr dieser Schuh nicht gefällt. Es können ihr auch alle 6 Ads eingeblendet werden, was dennoch mit Streuverlusten und einer ineffizienten Werbewirkung verbunden wäre.

b) Wurden aber unterschiedliche und tiefgreifende Informationen im Rahmen des Big Data über diese Nutzerin erhoben, so ist es möglich ihr lediglich einen zu ihrem Geschmack passenden Abendschuh einzublenden. Über diese Nutzerin liegen die Informationen vor, dass sie rote Abendschuhe in der Form der Pumps von der Marke Valensi mit einer Absatzhöhe von acht cm in der mittleren Preisklasse mit der größten Wahrscheinlichkeit kaufen würde. Durch den Einsatz von Big Data wird ihr auch nur diese eine Ad präsentiert, die zu ihrem Geschmack passt und die kostenintensive Einblendung nicht passender Ads vermieden. Sie ist zudem nicht durch unbrauchbare Werbeeinblendungen belästigt.

Abbildung 12: Personalisierte Werbeanzeige[79]

---

[79] Entnommen aus o.V.: Damen Abendschuhe in rot, Stand 2014-06-02, Abruf 2014-06-02.

3. Real Time Advertising für shopping24

3.1. Vorstellung shopping24

Jedes Unternehmen hat eine eigene Struktur und erfordert einen individuellen Weg zur Erreichung einer effizienten RTA-Kampagne.[80] Im Vorfeld einer konkreten Handlungsempfehlung für shopping24 (s24)[81] wird zunächst dessen Kernaufgabe und sein Ziel erklärt. s24 bündelt als virtuelles Preisvergleichsportal Produkte verschiedener Online-Shops auf seiner eigenen Webseite. In Zusammenarbeit sollen die beiderseitigen Interessen erreicht werden, sodass s24 sowie seine Partner (Online-Shops) ihre Ziele erreichen und zufrieden sind. Sobald dem Nutzerprofil Angela auf der Webseite eines Publishers ein Werbebanner eingeblendet wird und sie auf die Ad klickt, gelangt sie auf die Webseite von s24. Damit Angela auf die Webseite eines Partner-Shops automatisch weitergeleitet werden kann, muss sie auf der s24-Webseite ein Produkt anklicken. Im RTA kann ein Advertiser das Ziel der Steigerung der Profitabilität (ROI) sowie des Brandings anvisieren. s24 hat sich zum Hauptziel die Performance gesetzt, wobei Brandingeffekte ebenfalls erwünscht sind, jedoch nicht im Mittelpunkt stehen. Zur Steigerung der Performance sind für s24 die drei KPIs aus Tabelle 1entscheidend:

	KPI von s24	Erklärung der KPI
1	CPC • CPC-in	s24 zahlt einen x-Betrag an den Publisher im Rahmen des RTB-Prozesses, um einen User auf sein Portal zu führen.
	• CPC-out	s24 bekommt einen x-Betrag, wenn ein von ihm gewonnener User (Lead) durch ein Click-out auf die Webseite des Partners weitergeleitet wird
2	Deckungsbeitrag	CPC-out minus CPC-in
3	Kosten-Umsatz-Relation	Für den Partner wird die Relation ermittelt, ob sich die vom Partner aufgebrachten Kosten für den CPC-out an s24 rentieren. Würde s24 mit einer Kampagne einen sehr guten Deckungsbeitrag erwirtschaften, gleichzeigt würden die User aber beim Partner nicht konvertieren, müsste s24 ggf. die Kampagne umstellen oder einstellen.

Tabelle 1: KPIs von shopping24[82]

---

[80] Vgl. Lacey, Adrian: Data strategies, Stand 2014-02-07, Abruf 2014-05-30.

[81] S24, gegründet im Oktober 1997, bietet Produkte aus den Kategorien Mode, Haushalt & Wohnen, Multimedia, Sport & Freizeit, Kinder & Baby sowie Beauty & Gesundheit an.

[82] Vgl. Stanke, Michael: Kommunikation über E-Mail, Stand 2014-06-02.[1]

Wieso s24 den Traffic im Vergleich zu herkömmlichen Online-Shops mit wiederkehrenden Besuchern im Retargeting günstiger einkaufen muss, verdeutlicht die folgende Erklärung mit den Rechenbeispielen:

Ein Preisvergleichsportal arbeitet mit sehr geringen Margen. s24 muss demnach den Traffic von der DSP günstiger einkaufen als herkömmliche Online-Shops, um diesen Traffic an seine Partner-Shops weiterzuverkaufen. Zudem stellt s24 keine Marke dar, wodurch die Registrierung der User nicht möglich ist. Die erschwerte Kundenbindung kann über das Retargeting hergestellt werden. Jedoch würde s24 für einen User zwei Mal Geld ausgeben. Erstens über den bereits beschriebenen Weg innerhalb des RTB, wobei einem User im Display ein Werbebanner eingeblendet wird. Zweitens würde s24 ein weiteres Mal über das Retargeting den gleichen User ansprechen. s24 müsste an einen Publisher x über RTB einmal den ersten CPC-in und ein weiteres Mal ein CPC-in entweder wieder an Publisher x oder an Publisher y bezahlen. Folglich würde s24 im schlechtesten Falle einen negativen Deckungsbeitrag erwirtschaften, die eigene Gewinnmarge schmälern und gegen sein Hauptziel der Profitabilität agieren.

a) <u>Angenommen</u>: Nutzerprofil von Angela kostet 5 (CPC-in)

Weiterverkaufspreis der Werbekontaktchance	Deckungsbeitrag für s24
CPC-out 5	0
CPC-out 6	1
CPC-out 8	3

Tabelle 2: Vergleich unterschiedlicher Deckungsbeiträge für shopping24[83]

Um eine Schmälerung der Gewinnmarge von s24 zu vermeiden, muss der CPC-out mehr als 5 betragen, um sein CPC-in von 5 decke n zu können. s24 kann zwar für die Qualität seines generierten Traffic von seinen Partner-Shops einen höheren Preis verlangen, dennoch bleibt in beiden Fällen die Tatsache, dass die Gewinnmarge sehr gering ist. Zugleich kann aber ein Partner-Shop von s24 diese Werbekontaktchance bei anderen Online-Shops beziehen und nicht mehr als 5 für die Nutzerdaten von Angela zahlen. Welchen Nutzen hätte dann der Partner-Shop für eine Zusammenarbeit mit s24, wenn er für die gleiche Werbekontaktchance statt z.B. 8 nur 5 bezahlen könnte? Aus diesem Grund muss s24 zwangsläufig den von der DSP zugekauften Traffic günstiger einkaufen als andere konkurrierende

---

[83] Eigene Darstellung.

Nachfrager, damit seine Preise (CPC-out) gegenüber den Partnern nicht steigen und die Gewinnmarge wie folgenden Rechenbeispiel nicht geschmälert wird.

b) Angenommen: Nutzerprofil von Angela kostet 3   (CPC-in)

Weiterverkaufspreis der Werbekontaktchance	Deckungsbeitrag für s24
CPC-out4	1
CPC-out5	2

Tabelle 3: Idealfall des Einkaufspreises eines Werbekontakts[84]

Schließlich wird ersichtlich, dass die Performance von s24 mit kostengünstigen eTKPs erreicht werden kann. Aus welchem Grund sollte jedoch s24 weniger für die gleiche Werbekontaktchance bezahlen als herkömmliche Online-Shops?
Im folgenden Scoring-Modell lassen sich weitere Zielkriterien ableiten, wobei das Hauptziel der Performance auf Teilziele herunter gebrochen wird.

3.2. Handlungsempfehlung für eine effiziente Kampagne

3.2.1. Scoring-Modell der Targeting-Methoden

Ein Scoring-Modell dient der Bewertung von Handlungsalternativen, wobei hier die zu vergebende Punktspanne zwischen (1) bis (5) liegt. Nicht alle Zielkriterien sind gleich bedeutsam. In diesem Beispiel stellt der Punktwert (1) den niedrigsten und der Punktwert (5) den größten Nutzwert für s24 dar. In Absprache mit s24 werden vier Zielkriterien nach ihrer Wichtigkeit gewichtet.[85]

1. Das erste Schwerpunkt ist die Neukundengewinnung mit der Gewichtung (4), da s24 wachsen möchte. Zudem ist die Steigerungseines Deckungsbeitrags ausschließlich mit bereits bestehenden Kunden nicht realisierbar.
2. Da die Absicht von s24 die Steigerung der Conversion-Rate ist, wird das zweite Zielkriterium, die zielgruppenspezifische Werbung, mit dem höchsten Gewichtungsfaktor (5) bewertet. Dafür ist die Verfügbarkeit profunder und aktueller Daten notwendig, die mit dem Begriff Big Data bereits erklärt wurden. Das bedeutet, dass s24 selbst eine große Menge an Daten sammeln muss oder auch kostenintensive Third-Party-Data kaufen kann. In beiden Fällen sind Investitionskosten nötig, welche sich positiv auf das zweite Zielkriterium auswirkt.

---

[84] Eigene Darstellung.
[85] Vgl. Kreutzer Ralf, 2013: Praxisorientiertes Marketing, S. 233f.

Eine personalisierte Werbung ist nicht zwangsläufig gegeben, wenn s24 nur auf inhaltlich ähnlichen Webseiten freie Werbeflächen kauft. Beispielsweise besteht durchaus der Fall, dass ein Werbebanner der roten Abendschuhe von s24 auf der Publisher-Webseite von dem thematisch fremden Content-Anbieter Bild.de steigende Profitabilitätszahlen verspricht. Zusammenfassend sind detaillierte Daten aus unterschiedlichen Datenquellen von großer Bedeutung.

3. Der Kostenaspekt mit dem Gewichtungsfaktor (5) stellt eines der wichtigsten Zielkriterien dar und setzt sich aus den preiswerten eTKPs sowie den niedrigen Kosten der Datenerhebung zusammen. Wie oben erklärt wurde, müssen teilweise externe Daten von Drittanbietern zugekauft werden, um das Nutzerprofil präzise abbilden zu können. Im RTB ist ein eTKP meistens deshalb so günstig, da wenige Nutzerdaten verfügbar sind und somit das Produktinteresse von Usern nicht genau bewertet werden kann. Daraus könnten weniger Click-outs resultieren, wodurch die Conversion-Rate und somit der CPC-out sinkt und sich negativ auf die Performance von s24 auswirkt. Deshalb ist nicht davon auszugehen, dass geringere Kosten eine bessere Performance versprechen. Trotzdem besteht die Notwendigkeit der günstigen eTKPs pro Werbekontaktchance aufgrund der Erläuterungen mit den Rechenbeispielen im Kapitel 3.1.

Resultierend daraus ist festzustellen, dass eine umgekehrte Proportionalität zwischen dem Zielkriterium der Steigerung zielgruppenspezifischer Werbung und den niedrigen Kosten besteht. Grafik 13 zeigt auch, dass mit zunehmender Steigerung stark personalisierter Werbeeinblendungen die Investitionskosten ebenfalls steigen.[86] Auf Grund der Austauschbeziehung ergibt sich die Frage, wo der optimale Punkt in Abhängigkeit der Datenerhebungskosten und der zielgruppenspezifischen Werbung liegt. Wie viel sollte maximal investiert werden, sodass der Nutzen aus personalisierten Werbebannern in Relation zu den Kosten maximal ist. Steigen die Kosten mit der zielgruppenspezifischen Werbung immer proportional an? Oder existiert für gewisse Dauer ein Grenznutzen, wenn die bestehenden Informationen vorerst ausreichen? In der Checkliste der Handlungsempfehlung (Kapitel 3.2.3.) wird diese Frage der Kosten aufgegriffen und allgemein erklärt.

---

[86] Vgl. Stanke, Michael: Kommunikation über E-Mail, Stand 2014-06-02.²

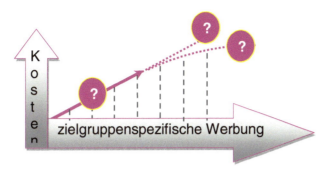

Abbildung 13: Umgekehrte Proportionalität der Zielkriterien[87]

Für jedes dieser Zielkriterien wird mit der (R) gekennzeichnete Spalte das Realisierungspotenzial in Form eines Punktwertes bestimmt, wobei z.B. (R=1) bedeutet, dass das Zielkriterium nicht erfüllt wird und bei (R=5) wird das Zielkriterium vollständig realisiert. Der Nutzwert (N) lässt sich errechnen, indem die Gewichtung (G) der einzelnen Schwerpunkte mit dem jeweiligen Realisierungspotenzial (R) multipliziert werden.[88] Am Beispiel des ersten Zielkriteriums ist abzulesen, dass die minimalen Kosten (G=5) neben der Neukundengewinnung eines der wichtigsten Ziele für s24 darstellt. Die Methode des Retargetings kann dieses Ziel mit (R=1) erreichen. Aufgrund der Multiplikation von (G=5) × (R=1) errechnet sich der Nutzwert (N=5). Für jede Targeting-Methode werden die jeweiligen Nutzwerte (N) addiert und zu einem gesamten Nutzwert aggregiert.

	(G)	Retargeting		Look- alike Targeting	
		(R)	(N)= R×G	(R)	(N)= R×G
Zielkriterium					
Minimale Kosten	5	1	5	3	15
Neukundengewinnung	4	1	4	4	16
zielgruppenspezifische Werbeeinblendungen	5	4	20	2	10
Aggregierter Nutzwert			**29**		**41**

Tabelle 4: Scoring-Modell für shopping24

Tabelle 4 zeigt, dass das Look-alike Targeting mit dem Nutzwert von 41 führt, gefolgt von dem Retargeting mit dem Nutzwert von 29.

---

[87] Eigene Darstellung.
[88] Vgl. Kollmann, Tobias: E-Entrepreneurship, 2011, S.134.

Look-alike Targeting

Innerhalb des RTA verspricht das Look-alike Targeting den größten Nutzwert für s24, um lediglich das Hauptziel der Performance zu erreichen ohne Rücksicht auf Nebenbedingungen. Kosten können aufgrund der Möglichkeit auf kostenintensive Third-Party-Data zu verzichten, gespart werden. Stattdessen finden kostenlos zur Verfügung stehende First-Party-Data oder Thin-Data Einsatz, die jedoch aufgrund der Notwendigkeit der internen Aufbereitung gewisse Kosten verursachen. Dennoch müssen für die Abbildung konkreter Nutzerprofile teilweise externe Daten (Third-Party-Data) zugekauft werden.[89] Zudem ermöglicht die einfache, jedoch langandauernde Erhebung statistischer Zwillinge das Zielkriterium der Neukundengewinnung. Eine personalisierte Werbung ist im Look-alike Targeting möglich, jedoch nicht so spezifisch wie im Retargeting. Es ist hier noch schwieriger eine Aussage über die Preissensibilität der User zu treffen. Vergleichsweise sind User x und User y zwar aufgrund ihres Alters zwischen 20 bis 35 Jahre und ihrer Affinität zu dem Produkt, z.B. rote Abendschuhe, als statistische Zwillinge gekennzeichnet. Jedoch ist User x eine Studentin, die maximal 100 für rote Abendschuhe ausgeben will. User y kann eine wohlhabende Führungskraft sein, die keine Schuhe unter 100 kaufen will, da sie ggf. v om Preis auf die Qualität schließt.

Retargeting

Retargeting ist zwar eine der attraktivsten Methoden für den Großteil der Advertiser, da er sehr affine User anspricht, die sich schon mit dem Produkt beschäftigt haben und vielleicht kurz vor der Kaufentscheidung stehen. Jedoch hat sich das Retargeting aufgrund der Auswertung im Scoring-Modell als ungeeignet erwiesen. Der hauptsächliche Grund liegt darin, dass das Hauptziel von s24, nämlich die Steigerung der Profitabilität, mit dem Look-alike Targeting besser erreichbar ist.[90] Das Potential von Retargeting ist relativ begrenzt und hängt direkt von der Anzahl der Webseiten-Besucher ab. Zum einen wird die Neukundengewinnung nicht erreicht, da im Retargeting immer nur die bereits bekannten User angesprochen werden. Zum anderen muss s24 als Preisvergleichsportal seinen generierten Traffic im Retargeting günstiger einkaufen als herkömmliche Online-Shops. Außerdem

---

[89] Vgl. Liebig, Christian: telefonisches Interview über statistische Zwillinge, 2014-04-14.
[90] Vgl. Lacey, Adrian: Data strategies, Stand 2014-02-07, Abruf 2014-06-04.

erhöhen diese Online-Shops die Nachfrage im Retargeting und steigern somit die Preise, da für sie eine höhere Kaufwahrscheinlichkeit der User sehr viel Wert verspricht. Online-Shops sind in der Regel bereit mehr CPC-in zu bezahlen, da ein User, der bei ihnen bereits konvertiert hat, sehr wertvoll für sie ist und sich zum Stammkunden entwickeln könnte. Der Stammkunde könnte mit dem Erwerb eines weiteren Produktes womöglich die RTA-Kampagne des Online-Shops finanzieren. Demgegenüber würde s24 im Retargeting nur einen Click-out generieren. Dieser Click-out ist jedoch auch mit einem günstig eingekauften Neukunden ebenfalls realisierbar. Zusammenfassend würde sich der Einsatz des Retargeting lediglich auf die Kosten-Umsatz-Relation der Partner-Shops von s24 positiv auswirken. Die Zufriedenheit der Partner ist zwar für s24 auch wichtig, jedoch ist der Deckungsbeitrag von s24 vorrangig zu beachten. Folglich würde eine Ineffizienz entstehen, wenn s24 ausschließlich wegen einer höheren Kaufwahrscheinlichkeit der User mehr Geld für den Einkauf ausgeben würde. Entscheidend ist, dass der CPC-in (Einkauf) von s24 unter dem CPC-out (Verkauf) liegt, sodass kein negativer Deckungsbeitrag daraus resultiert.

Laut einer Studie "Werbung im Internet und Mobile Web" in Abbildung 14 fühlen sich Internetnutzer, vor allem ab dem 40. Lebensjahr, zu 35% von Retargeting sehr gestört. Je älter und je gebildeter, desto höher ist die Antipathie gegenüber Retargeting.[91] Die Kundenstruktur von s24 ist zwar breit gefächert, jedoch sind Frauen im Alter von 45 bis 65 Jahre stärker vertreten und würden sich demnach durch das Retargeting verstärkter belästigt fühlen.

Abbildung 14: Reaktanz von Retargeting[92]

---

[91] Vgl. Fittkau, Susanne/ Maaß, Holger: Aufdringliche Werbung, Stand 2014-02-14, Abruf 2014-06-09.
[92] Entnommen aus o.V.: Aufdringliche Werbung, Stand 2014-02-14, Abruf 2014-06-09.

Die Ermittlung der Preissensibilität der User ist zum großen Teil aus dem Retargeting abzuleiten, da diese User bereits Interesse für das Produkt gezeigt haben. Dennoch besteht der umgekehrte Fall, wenn sich der User das Produkt anschaut und nach dem Vergleich des Preis-Leistungs-Verhältnisses sich gegen dessen Erwerb entscheidet. Aus diesem Grund wird das Retargeting nicht als eine hundertprozentige Maßnahme zur Kenntnis der Preissensibilität der Kundschaft erklärt. Nichtsdestotrotz eignet sich diese Targeting-Methode weiterhin für Online-Shops mit wiederkehrenden Besuchern.[93]

3.2.2. Retargeting versus Look-alike Targeting

In Anlehnung an die aus dem Scoring-Modell abgeleiteten Analysen der Targeting-Methoden ergibt sich eine wichtige Frage für s24:

Wie stark ist das RTA von Retargeting abhängig und inwieweit ist das RTA für s24 auch ohne Retargeting erfolgsversprechend?

Für s24 ist zwar eine Kombination der beiden Targeting-Methoden zu empfehlen, jedoch sollte hauptsächlich die Neukundenansprache mit dem Look-alike Targeting im Mittelpunkt stehen. Einerseits ist mit großer Wahrscheinlichkeit denkbar, dass dadurch die Kennzahl CPC-out und auch die Profitabilität steigt. Andererseits könnte die große Teilnehmeranzahl der Advertiser im RTB dazu führen, dass die einzelnen eTKPs steigen. Dadurch würde die Profitabilität entweder kaum oder nicht wachsen. Im schlechtesten Fall könnte s24 durch die zusätzlichen Kosten (z.B. Datenerhebungskosten oder Kosten für den Ausbau des eigenen Data Warehouses, Investitionskosten) innerhalb des RTB seinen Gewinn schmälern.

Das Look-alike Targeting stellt eine kosteneffiziente Methode der Kampagnenplanung im RTA dar. Im Gegensatz dazu ist das Retargeting zwar die Variante mit dem niedrigsten Nutzenversprechen für die Performance von s24. Trotzdem ist Retargeting begrenzt empfehlenswert für s24, da Retargeting durch seine Brandingeffekte die Performance-orientierten Ziele unterstützt.[94] Obwohl s24 ein Preisvergleichsportal ist und die wiederholte Kundenansprache mit dem Retargeting nicht eine optimale Effizienz für s24 verspricht, sollte sich s24 nicht nur auf die Neukundengewinnung konzentrieren, sondern im Customer Funnel eine

---

[93] Vgl. Rossbach, Stefanie: Remarketing erfolgreich einsetzen, Stand 2011-03-31, Abruf 2014-06-04.
[94] Vgl. Bscheid, Wolfgang: Interesse an Retargeting wächst, Stand 2010, Abruf 2014-06-09.

Stufe weiter gehen, um letzten Endes CRM-Daten und loyale Kunden zu gewinnen. Wie aus Kapitel 2.3.1 zu entnehmen ist, wird dem User im Retargeting ein Produkt in einem Werbebanner angeboten, für das er bereits Interesse gezeigt hat und eine große Chance besteht, dass der User dieses Produkt kauft. Durch diese stark personalisierten Werbeanzeigen kann s24 die Qualität seines generierten Traffics für seine Partner-Shops erhöhen. Dies wiederum wirkt sich positiv auf den KPI der Kosten-Umsatz-Relation für seine Partner-Shops aus, was jedoch auch mit dem Retargeting ohne RTB möglich ist. Wenn s24 nur sein eigenes Ziel der Performance berücksichtigen würde und die Brandingeffekte nicht, könnten dadurch die partnerschaftlichen Beziehungen zu den Online-Shops gestört werden. Das Hauptziel der Partner ist die Steigerung des Abverkaufs von Produkten, welche mit dem von s24 generierten Traffic erreicht werden soll. Wenn die von s24 generierten User nur auf die Ads der Partner-Shops klicken und nichts kaufen, erweist sich diese Situation zwar zielführend für s24, aber nicht für die Online-Shops. Zufriedene Partner sind aus dem Blickwinkel essentiell, damit die Zusammenarbeit nicht beendet wird und schließlich die Ertragsquellen von s24 nicht wegbrechen. Daher ist der bedingte Einsatz von Retargeting denkbar. Je nach Situation kann neben dem Look-alike Targeting das Retargeting teilweise Einsatz finden. Im Falle, die Partner sind mit dem Traffic von s24 nicht zufrieden, wenn die User zwar die Webseite der Partner-Shops besuchen, aber deren Abverkauf nicht steigt oder sogar sinkt. Das bedeutet, dass s24 keine qualitative Dienstleistung für seine Partner erbracht hat. Meistens liegt der Grund in der Vernachlässigung einer zielgruppenspezifischen Werbeeinblendung. Zusammenfassend eignet sich das Retargeting in einer solchen Situation sehr gut, um für Produkte affine User auf die Webseiten der Partner-Shops zu bringen. Anderenfalls hat s24 vielleicht sehr viel ins Retargeting investiert und somit User mit einem hohen eTKP eingekauft, welche zum großen Teil bei Partner-Shops eingekauft haben. In dieser Situation sollte sich s24 verstärkt auf das Look-alike Targeting konzentrieren, damit der CPC-in nicht sinkt und die eigenen Gewinne nicht geschmälert werden.

3.2.3. Checkliste für die Handlungsempfehlung

Vordergründig sollte sich s24 auf das Look-alike Targeting fokussieren, wobei die Datengewinnung eine elementare Bedeutung darstellt. Aus dem Scoring-Modell im Kapitel 3.2.1 zu entnehmen ist, dass eine umgekehrte Proportionalität zwischen den zwei Zielkriterien besteht: Steigerung der zielgruppenspezifischen Werbeeinblendung und niedrige Datenerhebungskosten. Zur Ermittlung des optimalen Punktes wird im Folgenden der Kostenaspekt innerhalb des RTA in Eigenregie oder als Managed Service DSP diskutiert.

1. Eigenregie: Zur Bildung statistischer Zwillinge können die Kundendaten aus dem Data-Warehouse von s24, in Zusammenarbeit mit einem DMP-Anbieter wie semasio.de, mit neuen User-Profilen, verglichen werden.[95] Um die Conversio-Rate zu erhöhen, sollte s24 Daten von unbekannten Usern kaufen. Folglich stellt sich die Frage welche Drittanbieter von Third-Party-Data ein gutes Preis-Leistungs-Verhältnis aufweisen. Aufgrund der strengen Datenschutzbestimmungen in Deutschland sind qualitative Daten bislang sehr knapp.[96] Nach IAB beträgt der Preis extern zugekaufter Daten für 1.000 Kontakten 0,25 bis 5 . Die User-Daten können vielfältig sein. Beispielsweise kann s24 (historische) Kaufinformationen über den User erhalten. Welche Produkte hat der er bereits gekauft? Für welche Produkte hat er sich interessiert? Es kann auch sein, dass s24 vom Data Provider ein allgemeines Nutzer-Profil erhält, welches die Informationen wie z.B. Alter, Geschlecht, Herkunft, Einkommensniveau und Interessen beinhaltet. Diese Profile werden mit Hilfe unterschiedlicher Targeting-Methoden von Datenlieferanten erstellt. Preismodelle können variieren und müssen von s24 mit dem jeweiligen Datenlieferanten verhandelt werden.[97] Die Kosten eines externen Datenlieferanten müssen sich für s24 rentieren, d.h. der CPC-out sollte höher sein als die Kosten der dafür zugekauften Daten.[98] Die pauschale Vergütung pro Click-out liegt bei 0,35 .[99] s24 müsste eine Kostenrechnung für seine jeweiligen gesamten Partner durchführen und bewerten, ob der Zukauf externer Daten aus finanzieller Sicht sinnvoll ist.

[95] Vgl. Skou, Kasper: Semasio The User Intelligence Platform, Stand o.J., Abruf 2014-06-01.[2]
[96] Vgl. Weichert, Thilo: Big Data. Das neue Versprechen der Allwissenheit, 2013, S.131f.
[97] Vgl. Bresler, Nico: Kommunikation via xing über Third-Party-Data, 2014-06-18.[1]
[98] Vgl. Bresler, Nico: Kommunikation via xing über Third-Party-Data, 2014-06-18.[2]
[99] Eichmann, Viktor: telefonisches Gespräch über Vergütungsmodelle im RTB, 2014-06-17.

Bei Third-Party-Data besteht die Gefahr, dass diese veraltet sind.[100] Die Cookie-Informationen, die andere Anbieter auf dem Markt einkaufen, beziehen sich auf das Verhalten, das ein User beispielsweise vor vier Wochen hatte. Wenn sich dieser User vor vier Wochen für den Kauf von roten Abendschuhen interessiert hat, besteht eine große Wahrscheinlichkeit, dass er diese Schuhe schon längst gekauft hat. Third-Party-Data, die nicht unbedingt aktuell sein müssen, eignen sich dennoch zur Segmentierung und Festlegung soziodemographischer Daten der User, wie z.B. Alter, Geschlecht oder Herkunft, da sich diese Daten nicht oder nicht schnell verändern.[101] Ein weiterer Aspekt, der gegen den Zukauf von Third-Party-Data spricht, ist die Tatsache, dass diese Daten auch von anderen konkurrierenden Advertisern gekauft werden. Folglich wird einem User von verschiedenen Advertisern ein Werbebanner eingeblendet. Zum einen konkurriert die eigene Werbeeinblendung mit anderen Werbeeinblendungen und zum anderen steigt die Wahrscheinlichkeit, dass sich dieser User belästigt fühlt. Zusammenfassend ist das RTA in Eigenregie nicht geeignet für s24. Es muss zusätzliches Fachpersonal für das Betreiben des RTB in Eigenregie eingestellt und entlohnt werden.

2. Managed Service DSP: s24 kann statistische Zwillinge mit Hilfe eines DSP-Anbieter, der mit einer DMP gekoppelt ist, ermitteln. Bei der Wahl ist nicht nur auf den Kostenaspekt zu achten, sondern auch auf die angeschlossenen Ad Exchanges für die Bewertung der Reichweite.[102] DSPs sowie Data-Exchanges oder Agenturdienstleister sollten die Fähigkeit besitzen, Reichweitenüberschneidungen beim Zukauf von Profildaten herauszurechnen. Tatsache ist, dass verschiedene Anbieter Profildaten mehrfach vermarkten, wobei die von ihnen angebotenen Profilattribute letzten Endes zum selben User gehören können. Beispielsweise generiert jeweils Anbieter x sowie Anbieter y auf seiner Webseite 100.000 Damenschuh-interessierte Profile. s24 erwirbt die Nutzungsrechte der 200.000 Profildaten. Dennoch besteht eine große Wahrscheinlichkeit, dass Anbieter x sowie Anbieter y dieselben Profildaten verkauft haben. Demnach würde für s24 die eigentliche profilbasierte Nettoreichweite nicht 200.000, sondern vielleicht nur 120.000 betragen.[103]

Im Anhang I ist das deutsche Ökosystem des Display Advertising in 2014 mit

---

[100] Vgl. Schroeter, Andreas u.a.: Real Time Advertising, S. 26, Stand 2013, Abruf 2014-06-01.[7]

[101] Vg. Goundrey-Smith, Stephen: Principles Of Eectronic Prescribing, S.106f.

[102] Vgl. Lechner, Stefan: 8 Tipps für die Partnerwahl, Stand 2014-03-12, Abruf 2014-06-09.

[103] Vgl. Schwibbe, Andreas: Mehrfachnutzung, Stand 2012-02-09, Abruf 2014-06-10.

Publishern sowie Data Provider abgebildet. Ein Case-Study für eine effiziente RTA-Kampagne eines DSP-Anbieters für die Marke adidas ist aus Anhang II zu entnehmen. Obwohl adidas kein Preisvergleichsportal ist und im Beispiel nicht das Look-alike Targeting eingesetzt wurde, soll mit Hilfe von Anhang II eine grobe Orientierung aufgezeigt werden.

Viele DSP-Anbieter, wie Quantcast, der First-Party-Data sammelt und keine kostenintensive Third-Party-Data kauft, werben mit ihrem USP. Das Tool Quantcast Measure, das weltweit von über 100 Mio. Webseiten genutzt wird, liefert deren Betreibern kostenlos wertvolle Informationen über demographische Daten der User und deren Surfverhalten. Quantcast sieht beispielsweise 55 Millionen User in Deutschland über 600 Mal im Monat und ermittelt, welches Alter, Geschlecht, etc. sie haben und wie sie sich im Internet bewegen. Diese Daten stehen Quantcast exklusiv zur Verfügung und werden in Echtzeit analysiert. Deshalb weiß der Anbieter genau, welcher User sich in jedem Moment seiner Online-Zeit wofür interessiert. Wie qualitativ diese Daten sind und ob die teilnehmenden Webseiten ausreichende User-Daten liefern, sollte bei der Wahl von Quantcast genauer geprüft werden. Obwohl dieser DSP-Anbieter diese Daten nicht weiterverkauft, bedeutet das nicht zwangsläufig, dass kein anderer Datenanbieter im Besitz dieser sein kann. Der kleine Vorteil ist nur, dass diese Nutzerdaten nicht jedem Datenkäufer angeboten werden. Demnach erreicht nicht eine große Anzahl der Advertiser die von z.B. s24 neu gewonnen Kunden.[104] Diese Datenanalyse und Auswertung ist bei Quantcast nicht extra bepreist, sondern in den normalen Mediakosten der Kampagne integriert. Der CPM, Kosten pro 1.000 Impressions, liegt bei 2,25 .[105] Demnach liegt der eTKP bei 0,00225 in Zusammenarb eit mit Quantcast. Im Vergleich dazu wurde im ersten Teil dieses Kapitels innerhalb der Eigenregie einer RTA-Kampagne erläutert, dass s24 beim Zukauf externer Daten für 1.000 Kontakte zwischen 0,25 bis 5 bezahlen müsste. Diese Thir d-Party-Data verlangen jedoch eine weitere mit zusätzlichen Kosten verbundene Verarbeitung. Das Managed Service DSP eignet in diesem Vergleich besser als RTA in Eigenregie. Dennoch ist für eine konkrete Aussage eine auf konkrete Zahlen basierende Analyse erforderlich.

---

[104] Linzer Scott/ Pocci, Mike: What's Missing in Your Performance Strategy?, Stand 2013-03-27, Abruf 2014-06-17.

[105] Vgl. Reinert, Daniel: Kommunikation via xing über Quantcast, 2014-06-17.

3. Nachfrage erhöht den Preis:[106] s24 muss die zukünftige Entwicklung der Gebotspreise beobachten, da durchaus die Möglichkeit besteht, dass der eTKP aufgrund der zunehmenden Teilnehmerzahl im RTB steigt.

Zusammenfassend ist zu empfehlen, dass s24 die genauen eTKPs oder CPM mit einem ausgewählten DSP-Anbieter bespricht. Ebenfalls sollten die exakten Kosten für Third-Party-Data mit Drittanbietern verhandelt werden. Folglich kann eine konkrete Entscheidung getroffen werden, ob eine Teilnahme am RTA Effizienz verspricht. Die folgenden Angaben sind Erkenntnisse aus dieser Analyse, die s24 dabei beachten sollte.

Ziel: Neukundengewinnung und Steigerung der Profitabilität durch Steigerung der CPC-out
Targeting-Methode: Vordergründig Look-alike Targeting zur Ermittlung statistischer Zwillinge,
teilweise Retargeting (situationsabhängig)
Managed Service DSP: Keine hohen Investitionen/ Anschaffungen sowie Know How nötig
Datengrundlage: Sammlung von First-Party-Data und Thin-Data, eingeschränkter Zukauf von Third-Party-Data mit einem guten Preis-Leistungs-Verhältnis

---

4. Testkampagne: Obwohl diese theoretischen Analysen bereits ausführliche und individuelle Handlungsempfehlungen geben, sollte trotzdem vor der Entscheidung einer Teilnahme am RTB eine Testkampagne durchgeführt werden. Dadurch kann s24 entscheiden, welcher DSP-Anbieter besser zu ihm passt und entsprechend günstige Konditionen bietet. Beispielsweise hat der Mobilfunkanbieter O2 bereits 2012 mit Hilfe einer Testkampagne festgestellt, dass der DSP-Anbieter Vivaki am besten seine Ziele erfüllen kann.[107] "Das Vivaki eigene Netzwerk erzielte für die O2-Kampagn eine um 220 Prozent höhere Conversionrate als die Ad Networks im Durchschnitt."[108]

---

[106] Vgl. Roth, Steffen: Mikroökonomik, Wirtschaftspolitik, Neue Politische Ökonomie, S. 8f.
[107] Vgl. Gillner, Susanne: Gute Performance, Stand 2012-09-12, Abruf 2014-06-17.[1]
[108] Gillner, Susanne: Gute Performance, Stand 2012-09-12, Abruf 2014-06-17.[2]

4. Fazit und Ausblick

Die Datenschutzbestimmungen in Deutschland und Europa sind im Gegensatz zu den amerikanischen Richtlinien viel strenger. "Die [Cookie] Richtlinie verlangt, dass Cookies zukünftig nicht mehr ohne das Wissen des Nutzers auf dessen Rechner gespeichert werden dürfen. Nutzer sollen über die eingebundenen Cookies informiert werden und sollen einer Speicherung ausdrücklich zustimmen."[109] Davon sind Third-Party-Cookies stark betroffen, wodurch ein erheblicher Verlust Datengewinnung resultiert. Das Fehlen bestimmter Daten erschwert somit die Wirksamkeit der Targeting-Methoden erheblich. Deshalb hat sich das RTA in Deutschland vergleichsweise mit den USA noch nicht in dem Maße durchgesetzt.[110] Ein Anstieg des RTA in Deutschland ist zu beobachten, da im Jahr 2012 die Display-Werbeausgaben in RTB bei 8% lagen. "Mit einem prognostizierten Anteil von 15 Prozent am gesamten Display-Werbemarkt für 2014 (Quelle: IDC) steht Programmatic Buying auch in Deutschland mitten in einer wichtigen Phase seiner Entwicklung."[111] In Anlehnung an das IDC zeigt Tabelle 5, dass auch in Westeuropa sowohl die Umsätze als auch die Ausgaben innerhalb des RTA bis 2017 steigen werden.[112]

	Anstieg von Jahr 2012 bis 2017
RTA-Umsätze in Westeuropa	54 % Anstieg
RTA-Ausgaben in Westeuropa	18% Anstieg (von 5% auf 23%)

Tabelle 5: Prognostiziertes Wachstum des RTA in Westeuropa bis 2017[113]

In dieser Seminararbeit wurde aufgezeigt, dass die weit verbreitete Targeting-Methode Retargeting im RTA zwar einen großen Bestandteil einnimmt. Jedoch eignet sich das Retargeting für ein Preisvergleichsportal mit nur wenig wiederkehrenden Besuchern nicht optimal. Diese Problematik kann mit dem Look-alike Targeting bekämpft werden, das aber ein großes und profundes Datenvolumen voraussetzt. Das Look-alike Targeting besitzt zwar auch Nachteile und ist noch nicht weit verbreitet.

---

[109] Ringel, Tim: Real-Time-Bidding, Stand 07-2012, Abruf 2014-06-10.

[110] Vgl. O`Kane, Cirane: European RTB Market, Stand 2011-02-15, Abruf 2014-06-07.

[111] Vgl. Rauchhaupt, Jens: Datengetriebenes Advertising, Stand 2014-04-07, Abruf 2014-06-10.

[112] Vgl. Weide, Karsten: Real Time Bidding in the United States and Worldwide, 2010-2017, Stand 2013-10, Abruf 2014-06-23.[1]

[113] In Anlehnung an Weide, Karsten: Real Time Bidding in the United States and Worldwide, 2010-2017, Stand 2013-10, Abruf 2014-06-23.[2]

Die folgende Grafik zeigt bis 2020 ein weltweit enorm wachsendes Datenvolumen, welches die zukünftige Relevanz des Look-alike Targetings verdeutlicht.

Abbildung 15: Weltweit generiertes Datenvolumen bis 2020[114]

Die zentrale Rolle des Big Data und dessen intelligenter Umgang wird somit ersichtlich.[115] Bestehende und auch neue Targeting-Methoden können nur mit dem Vorhandensein großer Datenmengen aussagekräftige Schlüsse für zielgruppengerichtete Werbung versprechen. Daraus ist eine Hypothese abzuleiten, dass ein zukünftiger Umbruch der Targeting-Methoden im RTA durchaus möglich ist. Voraussetzung ist eine kosteneffiziente Datengenerierung möglich. Neben dem Display Advertising hat sich auch bereits das Mobile-RTB etabliert. Ein Pionier ist der SSP-Dienstleister smaato.com, der mit seinem Slogan „Ads for Apps" für Publisher wirbt. Die Funktionsweise geht mit dem Display Advertising einher, mit dem einzigen Unterschied, dass die Einblendung von Ads auf dem Smartphone der User erfolgt.[116] Nach dem RTB-Report Q4 ändern sich zunehmend auch die Inhalte, wobei mehr Rich Media in Form von Videos und Animationen Einsatz finden. Zusammenfassend wird das RTA in Deutschland nicht nur in Fachkreisen ein aktuelles Thema darstellen, sobald auch deutsche Advertiser und Publisher das Potenzial der Kostenminimierung mit dem Programmatic Buying stets erkannt

---

[114] Entnommen aus o.V.: Prognose, Stand o.J., Abruf 2014-06-09.

[115] Vgl. Geiselberger, Heinrich/ Moorstedt, Tobias: Big Data Das Versprechen der Allwissenheit, S.11.

[116] o.V.: smaato, Stand 2014, Abruf 2014-06-08.

haben.[117] Die Möglichkeiten des technischen Mediaeinkaufs drängen immer mehr in den Mittelpunkt. Durch den Wegfall von bürokratischen Aufwendungen, die Chance auf preiswerte eTKPs, da Streuverlusten vermieden werden, wird durch das RTA die Qualität der Werbeauslieferung verbessert. Eine effiziente Kampagnenplanung wirkt sich wiederum positiv auf den ROI eines werbetreibenden Unternehmens aus. Tatsache ist, dass Unternehmen ständig nach einer Gewinnsteigerung streben und bestehende Prozesse durch kosteneffiziente Maßnahmen ersetzen wollen. Ein Hindernis könnten erhöhte Eintrittsbarrieren darstellen, die verhindern, dass der Großteil der Marktteilnehmer am RTA teilnimmt. Beim Nachfragewachstum erhöht sich in der Regel auch der Preis. Demnach könnten die eTKPs steigen, wenn viele Advertiser diese freien Werbeflächen nachfragen würden. Diese Situation würde beispielsweise Start-Ups mit einem vergleichsweise geringeren Marketingbudget keine Chance bieten, um am RTA teilzunehmen. s24 könnte davon auch betroffen sein. Nichtsdestotrotz prognostizieren die Medien das Wachstum von RTA. Demnach kann mit großer Wahrscheinlichkeit das klassische Display-Advertising mit der Zeit durch das RTA teilweise oder sogar vollkommen ersetzt werden.

"Das Thema RTA ist mittlerweile auch aus dem deutschen Markt nicht mehr weg zu denken. Wir haben, wie so oft, einer technologischen Innovation aus Angst und Skepsis um die Aufrechterhaltung von hohen TKPs die Tore verschlossen und sehen uns jetzt durch den europäischen und amerikanischen Markt in die Pflicht gedrängt. Die Umsätze in dem Bereich werden überproportional steigen und die ersten Erfahrungen bei Publishern und Agenturen/Werbetreibende sind durchweg positiv.
Retargeting war der Einstieg in das Thema, aber sowohl klassisches Performance Marketing wie Branding werden nach und nach erschlossen."[118]

---

[117] Vgl. Schroeder, Armin: Targeting hilft, automatisieren nicht, Stand 2011-09-15, Abruf 2014-06-10.
[118] Fortmann, Harald: Kommunikation via xing über das zukünftige Potenzial von RTA, 2014-06-18.

Anhang I: Display Advertising Ecosystem[119]

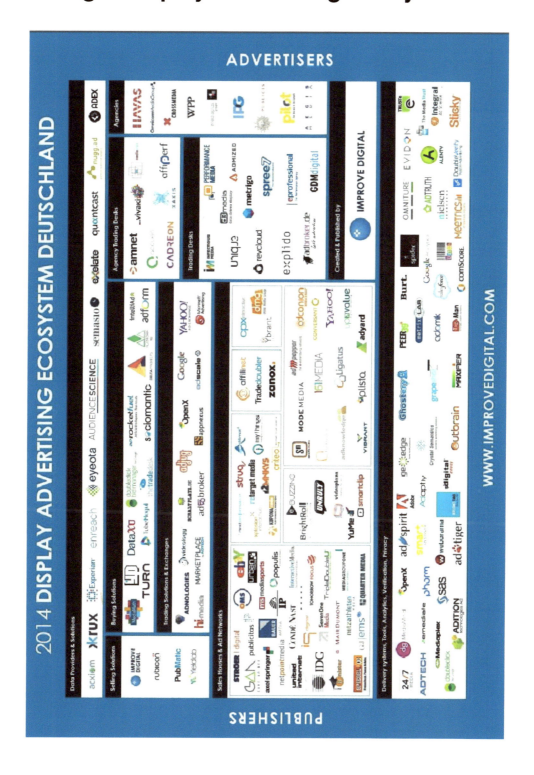

[119] Entnommen aus o.V.: 2014 Display Advertising Ecosystem Deutschland, Stand 2014, Abruf 2014-06-10.

Anhang II: Beispiel-Kampagnenplanung[120]

Ein klarer Sieg für die Effizienz

92% mehr Zielgruppe - nugg.ad steigert
Kampagneneffizienz für adidas

Der weltweit führende Sportartikel-hersteller adidas schaltete im August 2011 auf dem Portfolio von mediasports eine Kampagne für seinen neuen Sportschuh adipower predator. Geplant und durchgeführt wurde sie von Carat und Xenion Isobar. Das Ziel war es, die Sichtbarkeit des Produkts in der vordefinierten Zielgruppe, Männer im Alter zwischen 14 und 19 Jahren mit Interesse an Fußball, zu erhöhen. Erreicht werden sollte dies durch ein intelligentes Zielgruppenmanagement - realisiert durch nugg.ad.

KAMPAGNE

Innerhalb der Fallstudie wurde ein Wallpaper Ad mit Targeting über einen Zeitraum von vier Wochen mit einem Volumen von 1,5 Millionen Ad Impressions an die Zielgruppe ausgeliefert.
Um den Effekt der Targeting-Kampagne im Anschluss evaluieren zu können, wurde zeitgleich eine im gleichen Umfang aktive Kampagne ohne Targeting geschaltet.
Die Ergebnisse des Zielgruppenmanagements wurden durch Auslieferung gezielter Befragungen an Nutzer, die mit einer der beiden Kampagnen Kontakt hatten, ermittelt.

ERGEBNIS

Die durch das Targeting gesteigerte Kampagneneffizienz kann sich sehen lassen: Der Zielgruppenanteil der von nugg.ad optimierten Kampagne wurde von 27% bei der Kampagne ohne Targeting auf 52% mit Predictive Behavioral Targeting gesteigert.

Insgesamt ist das ein Uplift von 92% in der Zielgruppe dank nugg.ad Targeting. Zusätzlich konnte der Branding-Effekt "Kaufbereitschaft" für den adipower predator in der Zielgruppe signifikant gesteigert werden.

Zielgruppenanteil für adidas

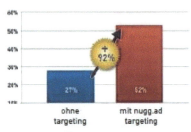

	KONTROLLGRUPPE	TARGETING
ZIELGRUPPENANTEIL	x	+92%
ZIELGRUPPE		Männer, 14-19 Jahre, Interesse an Fußball
LAUFZEIT		4 Wochen
WERBEMITTEL		Wallpaper Ad
UMFANG		je 1,5 Millionen Ad Impressions

Kontakt
+49 30 29 38 1999-0 | consulting@nugg.ad

---

[120] Entnommen aus o.V.: Ein klarer Sieg für die Effizienz, Stand 2011, Abruf 2014-06-10.

Quellenverzeichnis

Literaturverzeichnis

Alpar, Andre u.a., 2012: Das große Online Marketing Praxisbuch, Düsseldorf, Data Becker GmbH & Co. KG, 2012

Geiselberger, Heinrich/ Moorstedt, Tobias,2013: Big Data Das Versprechen der Allwissenheit, Frankfurt am Main: edition unseld, 2013

Goundrey-Smith, Stephen, 2012: Principles Of Eectronic Prescribing, Dordrecht/ Heidelberg/ New York/ London: Springer-Verlag London, 2012

Grossmann, Peter, 2012: Webseiten-Optimierung, Norderstedt, Books on Demand, 2012

Kollmann, Tobias, 2011: [E-Entrepreneurship] Grundlagen der Unternehmensgründung in der Net Economy, 4., Auflage, Wiesbaden: Gabler, 2011

Kreutzer Ralf, 2013: [Praxisorientiertes Marketing] Grundlagen- Instrumente- Fallbeispiele, 4.Auflage, Berlin: Springer Gabler, 2011

Roth, Steffen, 2011: Mikroökonomik, Wirtschaftspolitik, Neue Politische Ökonomie, 3.Auflage, Konstanz und München: UVK Verlagsgesellschaft mbH, 2011

Weichert, Thilo, 2013: Big Data. Das neue Versprechen der Allwissenheit, Berlin, edition unseld, 2013

Quellen im Internet

Bialek, Catrin/ Karabasz, Ina, 2014: Wenn Produkte die [Kunden verfolgen], http://www.handelsblatt.com/unternehmen/handel-dienstleister/retargeting-wenn-produkte-die-kunden-verfolgen/4617122.html, Stand 2011-09-14, Abruf 2014-06-01

Behrendt, Björn, o.J.: Application-Programming-Interface (API), http://www.gruenderszene.de/lexikon/begriffe/application-programming-interface-api, Stand o.J., Abruf 2014-05-24

Beulke, Dave, 2011: The 5 Vs of Big Data, http://davebeulke.com/big-data-impacts-data-management-the-five-vs-of-big-data/, Stand 2011-11-01, Abruf 2014-05-28

Bienert, Jörg, 2013: big data, http://www.bigdata.de/category/artikel/, Stand o.J., Abruf 2014-05-28

Bscheid, Wolfgang, 2014: Interesse an Retargeting wächst, http://heftarchiv.internetworld.de/2010/Ausgabe-24-2010/Interesse-an-Retargeting-waechst, Stand 2010, Abruf 2014-06-09

Engelken, Torsten, 2014: Gezieltes Online-Advertising mit Targeting-Methoden, http://www.marketing-boerse.de/Fachartikel/details/Gezieltes-Online-Advertising-mit-Targeting-Methoden/32495, Stand 2011-10-19, Abruf 2014-06-12

Dietz, John, 2014: Programmatic Buying And The Evolution Of Ad Tech,http://www.adometry.com/assets/files/resources/uploads/article_programma tic-buying.pdf, Stand 2013-03-12, Abruf 2014-06-11

Elowitz, Ben, 2014: Audience is King!, http://digitalry.com/audience-is-king-content-deposed/, Stand 2014, Abruf 2014-05-21

Ferner, Matt, 2014: [25 Advertising Networks] for Online Businesses, http://www.practicalecommerce.com/articles/2728-25-Advertising-Networks-for-Online-Businesses, Stand 2011-04-20, Abruf 2014-05-27

Finch, John, 2013: Big data and credit agency, http://video.ft.com/2719863888001/Big-data-and-credit-agency/Editors-Choice, Stand 2013-11-08, Abruf 2014-05-28

Fittkau, Susanne/ Maaß, Holger, 2013: [Aufdringliche Werbung] mit fatalen Folgen, http://www.fittkaumaass.de/news/aufdringliche-werbung, Stand 2014-02-14, Abruf 2014-06-09

Frerichs, Alexander, 2013: [Effizientes Frequency Capping] im Retargeting, http://unique-labs.de/effizientes-frequency-capping-im-retargeting-2/, Stand 2012-02-15, Abruf 2014-06-01

Gehl Christian, 2014: Warum Retargeting nicht nerven darf, http://www.lead-digital.de/aktuell/specials/targeting/punktgenauer_anstoss_statt_werbe_foul_waru m_retargeting_nicht_nerven_darf, Stand 20121-04-16, Abruf 2014-06-01

Gillner, Susanne, 2012: [Gute Performance]für O2-Kampagne, http://www.internetworld.de/onlinemarketing/dmexco/gute-performance-o2-kampagne-283092.html, Stand 2012-09-12, Abruf 2014-06-17

Gladl, Roswitha, o.J.: [eTKP] - Berechnung zum Kampagnenvergleich, http://www.helpster.de/etkp-berechnung-zum-kampagnenvergleich_213722, Stand o.J., Abruf 2014-06-10

Groth, Arndt, 2014: [Für effizientes RTA] müssen mehr Daten zur Verfügung gestellt werden, http://ht.ly/uHgxo, Stand 2014-03-18, Abruf 2014-06-17.

Heimann, Torben, 2013: Real Time Advertising Kompass 2013/2014, http://www.bvdw.org/mybvdw/media/view?media=5071, Stand 2013-08-29, Abruf 2014-05-27

Heimann, Uli,, 2013 Real Time Advertising Kompass 2013/2014, http://www.bvdw.org/mybvdw/media/view?media=5071, Stand 2013-08-29, 2013/2014, Abruf 2014-05-28, S.20

Hirsch, Philipp u.a., 2014: [Real Time Advertising]: In Echtzeit zum Erfolg, Stand 2014-05-30, Abruf 2014-05-31

Jüngling, Thomas, 2013: [Datenvolumen] verdoppelt sich alle zwei Jahre, http://www.welt.de/wirtschaft/webwelt/article118099520/Datenvolumen-verdoppelt-sich-alle-zwei-Jahre.html, Stand 2013-07-15, Abruf 2014-05-28

Jens Jokschat, o.J.: Data Driven Display, http://d3media.de/data-driven-display.html, Stand o.J., Abruf 2014-05-24

Lacey, Adrian, 2014: [Data strategies] for a complex marketing funnel, Stand 2014-02-07, Abruf 2014-05-30

Lechner, Stefan Alexander, 2014: [8 Tipps für die Partnerwahl] im RTB, http://www.intelliad.de/blog/8-tipps-fuer-rtb.html, Stand 2014-03-12, Abruf 2014-06-09

Linzer Scott/ Pocci, Mike, 2013: What's Missing in Your Performance Strategy?, http://www.rosetta.com/pdf/Notes-SES-NYC-03-27-13.pdf, Stand 2013-03-27, Abruf 2014-06-17

Marshall, Jack, 2014: WTF is programmatic advertising, http://digiday.com/platforms/what-is-programmatic-advertising/, Stand 2014-02-20, Abruf 2014-05-22

Marshall, Jack 2014: Ad Exchange, http://digiday.com/platforms/what-is-an-ad-exchange/, Stand 2014-01-30, Abruf 2014-05-27

O`Kane, Cirane, 2013: As Real-Time Bidding Goes Mainstream In The US, What Trends Are Likely To Emerge In The [European RTB Market], Stand 2011-02-15, Abruf 2014-06-07

Parschke, Philip, 2014: Predective Behavioral Targeting, Parschke, Philip: Predective Behavioral Targeting, http://www.axelspringer-mediapilot.de/dl/398105/Predictive_Behavioral_Targeting_2014.pdf, Stand 2014, Abruf-2014-06-09

Rauchhaupt, Jens, 2014: Hohe Nachfrage nach Technologie für [datengetriebenes Advertising,] http://www.adzine.de/de/site/artikel/10095/display-advertising/2014/04/hohe-nachfrage-nach-technologie-fuer-datengetriebenes-advertising-, Stand 2014-04-07, Abruf 2014-06-10

Ringel, Tim, 2012: [Real-Time-Bidding] In Echtzeit zum Kunden, http://www.metapeople.com/real_time_bidding_studie_final.pdf, Stand 07-2012, Abruf 2014-06-10

Rossbach, Stefanie, 2014: Remarketing erfolgreich einsetzen, http://www.gruenderszene.de/marketing/remarketing-retargeting-kundenspezifische-werbung, Stand 2011-03-31, Abruf 2014-06-01

Schroeck, Michael u.a., 2014: [Analytics. Big Data] in der Praxis, http://files.messe.de/007-14/media/downloads/besucher/datability-studie-ibm.pdf, Stand 2012, Abruf 2014-05-28

Schroeder, Armin, 2011: Targeting hilft, automatisieren nicht, http://www.crossmedia.de/news/targeting-hilft-automatisieren-nicht/, Stand 2011-09-15, Abruf 2014-06-10

Schroeter, Andreas u.a. 2012: Die Zukunft des Display Advertising, http://rtb-buch.de/rtb_fibel.pdf, Stand 2012, , Abruf 2014-05-25

Schroeter, Andreasu.a. 2012: Real Time Advertising. Funktionsweise-Akteure-Strategien. [2.überarbeitete und erweiterte Auflage], http://metrigo.com/wp-content/themes/metrigo/download/real-time-advertising-rtb.pdf, Stand 2013-09, Abruf 2014-05-25

Schwibbe, Andreas,2014: [Mehrfachnutzung] und Doppelprofilierung, http://www.adzine.de/de/site/artikel/6582/ad-trading-rtb/2012/02/rtb-reicht-die-reichweite, Stand 2012-02-09, Abruf 2014-06-10

Skou, Kasper, 2011: SemasioThe User Intelligence Platform, semasio.com/de/, Stand o.J., Abruf 2014-06-01

Stieber, Bernd, 2013: Real Time Advertising Kompass 2013/2014, http://www.bvdw.org/mybvdw/media/view?media=5071, Abruf 2014-05-28, Stand 2013-08-29, 2013/2014, S.12ff

Theis, Sabine, 2013: ROS,http://www.jaron.de/online-marketing-glossar/ros-run-of-site-ron-run-of-network/, Stando.J., Abruf 2014-05-27

Weck, Andreas, 2013: [Facebook-Ads]: Lookalike Audiences zur Targeting-Erweiterung?, http://t3n.de/news/lookalikes-audiences-451649/, Stand 2013-03-21, Abruf 2014-06-17

Weide, Karsten, 2013: Real Time Bidding in the United States and Worldwide, 2010-2017, http://info.pubmatic.com/rs/pubmatic/images/IDC_Real-Time%20Bidding_US_Western%20Europe_Oct2011.pdf, Stand 2013-10, Abruf 2014-06-23

Weltner, Florian, 2013: Real Time Bidding [Next Level Performance] Eine Übersicht den Markt, der das Zeug dazu hat, das Performance Marketing zu verändern, Internet, http://www.bluesummit.de/wp-content/uploads/2013/02/blueSummit-Whitepaper_Real-Time-Bidding.pdf, Stand 2013, Abruf 2014-05-21

o.V., 2014: Adform RTB Trend Report Europe Q1 2014, http://site.adform.com/media/31317/Adform_RTB_Trend_Report_Europe_2014_Q1_final.pdf, Stand 2014, Abruf 2014-06-10

o.V., 2013: Damen Abendschuhe, http://www.shopping24.de/mode/damen-abendschuhe/k5x7S, Stand 2014-06-02, Abruf 2014-06-02

o.V., 2013: Damen Abendschuhe in rot, http://www.shopping24.de/mode/damen-abendschuhe/k5x7S1c5Gd?farbe=Rot, Stand 2014-06-02, Abruf 2014-06-02

o.V., o.J.: Definition Real Time Bidding (RTB), http://www.onlinemarketing-praxis.de/glossar/real-time-bidding-rtb, Stand o.J., Abruf 2014-05-24

o.V.: Die Story von RTB: Entstehung – Entwicklung – Prognosen bis 2017, http://imb.donau-uni.ac.at/spacebidder/die-story-von-rtb-entstehung-entwicklung-prognosen-bis-2022-teil-1/, Stand 2014-01-08, Abruf 2014-06-11

o.V., 2014: 2014 Display Advertising Ecosystem Deutschland, http://www.improvedigital.com/en/wp-content/uploads/2014/05/Market_Map_DE_A1_2014_webversion.pdf, Stand 2014, Abruf 2014-06-10

o.V., 2014: Ein klarer Sieg für die Effizienz, http://www.nugg.ad/tl_files/media/Case%20Studies/PDF%20DE/nuggad_casestudy_Adidas_DE.pdf, Stand 2011, Abruf 2014-06-10

o.V., 2011: The User Intelligence Platform, http://semasio.com/de/, Stand o.J., Abruf 2014-05-28

o.V., 2014: [Prognose] zum weltweit generierten Datenvolumen bis 2020,http://de.statista.com/statistik/daten/studie/267974/umfrage/prognose-zum-weltweit-generierten-datenvolumen/, Stand o.J., Abruf 2014-06-09

o.V., 2014: Real Time Advertising (RTA), http://onlinemarketing.de/lexikon/definition-real-time-advertising-rta, Stand o.J., Abruf 2014-05-24

o.V., 2014: [smaato] The Leading Global Mobile RTB Ad Exchange &SSP, http://www.smaato.com/media/whitepapers/Smaato_Whitepaper_-_Successful_Global_Monetization_Strategies_for_Mobile_Apps_and_Websites_052014.pdf, Stand 2014, Abruf 2014-06-08

o.V., 2013: Über uns, http://www.shopping24.de/Info/ueber-uns , Stand 2013, Abruf 2014-05-30

Experten-Interviews

Bresler, Nico, 2014: Vice President Product Management, Smaato Inc. Hamburg, Kommunikation via xing über Third-Party-Data, 2014-06-18

Dahnke, Niels, 2014: Produktmanagement Suchmaschinenoptimierung (SEO) Verlagsgesellschaft Madsack GmbH & Co. KG Präsentation an der FH Wedel über Big Data, 2014-04-30

Eichmann, Viktor: Senior Technical Account Manager, Semasio GmbH, Hamburg telefonisches Interview über Vergütungsmodelle im RTB, 2014-06-17

Fortmann, Harald, 2014: Vizepräsident BVDW/ Lehrbeauftragter Online Marketing an der Hochschule Fresenius/ Director Executive Search Dwight Cribb Personalberatung GmbH, Kommunikation via xing über das zukünftige Potenzial von RTA, 2014-06-18

Liebig, Christian, 2014: Senior Account Manager bei Xaxis - a division of Group M (Media Com, Mind Share, MEC, MAXUS) Düsseldorf, telefonisches Interview über Look-alike Targeting, 2014-04-14

Promny, Thomas, 2014: Unternehmer (Blogger und Co-Founder) im Bereich Online Marketing, Velvet Ventures GmbH, Kommunikation via Facebook über das Look-alike Targeting, 2014-05-31

Reinert, Daniel, 2014: Agency Sales Manager, Quantcast Deutschland, München, Kommunikation via xing über Quantcast, 2014-06-16

Reinert, Daniel, 2014: Agency Sales Manager, Quantcast Deutschland, München, telefonisches Interview über DSPs, 2014-04-07

Stanke, Michael, 2014: Performance Marketing Manager bei shopping24 internetgroup in Hamburg, Kommunikation über E-Mail, Stand 2014-06-02

Warschawskij, Oleg, 2014: Group Head Performance Marketing / Programmatic Buying, RTB, Annalect Group Germany GmbH (Omnicom Media Group) Düsseldorf, Kommunikation via xing über Targeting-Methoden, 2014-04-10

Winkler, Hans-Martin, 2014: Geschäftsführer, small things GmbH München, Kommunikation via xing über das Look-alike Targeting, 2014-06-05

Zawadzki, Viktor, 2014: CEO, Spree7 GmbH I a PUBLI Groupe and Media Math company, Berlin, Kommunikation via xing über RTB, 2014-03-06

Eidesstattliche Erklärung

Hiermit erkläre ich an Eides Statt, dass ich die vorliegende Seminararbeit selbstständig und nur unter Zuhilfenahme der ausgewiesenen Hilfsmittel angefertigt habe.

Sämtliche Stellen der Arbeit, die im Wortlaut oder dem Sinn nach anderen gedruckten oder im Internet verfügbaren Werken sowie Experteninterviews entnommen sind, habe ich durch genaue Quellenangaben kenntlich gemacht.

Hamburg, 01. Juli 2014

_____

Syuzanna Gaplanyan